CW01514160

Richard Wagner

Die Kunst und die Revolution

und weitere Traktate aus der Revolutionszeit

Richard Wagner: Die Kunst und die Revolution und weitere Traktate aus der Revolutionszeit

Die Kunst und die Revolution:
Entstanden 1848 und 1849 in Dresden und Zürich. Hier nach: Richard Wagner: Sämtliche Schriften und Dichtungen. Band 3, Leipzig: Breitkopf und Härtel, o.J. [1911]. Die Eigentümlichkeit der Orthographie wurde bei der vorliegenden Ausgabe beibehalten.
Aus der Revolutionszeit:
Entstanden 1848 und 1849 in Dresden und Zürich. Hier nach: Richard Wagner: Sämtliche Schriften und Dichtungen. Band 12, Leipzig: Breitkopf und Härtel, o.J. [1911].

Vollständige Neuausgabe mit einer Biographie des Autors
Herausgegeben von Karl-Maria Guth
Berlin 2015

Umschlaggestaltung von Thomas Schultz-Overhage

Gesetzt aus Minion Pro, 11 pt

Die Sammlung Hofenberg erscheint im
Verlag der Contumax GmbH & Co. KG, Berlin
Herstellung: BoD – Books on Demand, Norderstedt

ISBN 978-3-8430-4837-8

Bibliografische Information der Deutschen Nationalbibliothek

Die Deutsche Nationalbibliothek verzeichnet diese Publikation in der Deutschen Nationalbibliografie; detaillierte bibliografische Daten sind im Internet über www.dnb.de abrufbar.

Inhalt

Die Kunst und die Revolution

(1849)

Fast allgemein ist heutigen Tages die Klage der Künstler über den Schaden, den ihnen die Revolution verursache. Nicht jener große Straßenkampf, nicht die plötzliche und heftige Erschütterung des Staatsgebäudes, nicht der schnelle Wechsel der Regierung werden angeklagt: der Eindruck, den solche gewaltige Ereignisse an und für sich hinterlassen, ist verhältnißmäßig meist nur flüchtig und auf kurze Zeit störend: aber der besonders nachhaltige Charakter der letzten Erschütterungen ist es, der das bisherige Kunsttreiben so tödtlich berührt. Die bisherigen Grundlagen des Erwerbes, des Verkehrs, des Reichthums sind jetzt bedroht, und nach hergestellter äußerer Ruhe, nach vollkommener Wiederkehr der Physiognomie des gesellschaftlichen Lebens, zehrt tief in den Eingeweiden dieses Lebens eine sengende Sorge, eine quälende Angst: Verzagtheit zu Unternehmungen lähmt den Kredit; wer sicher erhalten will, entsagt einem ungewissen Gewinn, die Industrie stockt, und – die Kunst hat nicht mehr zu leben.

Es wäre grausam, den Tausenden von dieser Noth Betroffener ein menschliches Mitleid zu versagen. War noch vor kurzem ein beliebter Künstler gewöhnt, von dem behaglich sorglosen Theile unserer vermögenden Gesellschaft für seine gefälligen Leistungen goldenen Lohn und gleichen Anspruch auf behaglich sorgloses Leben zu gewinnen, so ist es für ihn nun hart, von ängstlich geschlossenen Händen sich zurückgewiesen und der Erwerbsnoth preisgegeben zu sehen: er theilt hiermit ganz das Schicksal des Handwerkers, der seine geschickten Hände, mit denen er dem Reichen zuvor tausend angenehme Bequemlichkeiten schaffen durfte, nun müßig zu dem hungernden Magen in den Schooß legen muß. Er hat also recht, sich zu beklagen, denn wer Schmerz fühlt, dem hat die Natur das Weinen gestattet. Ob er aber ein Recht hat, sich mit der Kunst selbst zu verwechseln, seine Noth als die Noth der *Kunst* zu klagen, die Revolution, indem sie ihm die behagliche Nahrung erschwert, als die grundsätzliche Feindin der Kunst zu beschuldigen, dieß dürfte in Frage zu stellen sein. Ehe hierüber entschieden würde, möchten zuvor wenigstens diejenigen Künstler zu befragen sein, welche durch Ausspruch und That kundgaben, daß sie die Kunst rein um der Kunst selbst willen liebten und trieben, und von denen dieß Eine erweislich ist, daß sie auch damals litten, als jene sich freuten.

Die Frage gilt also der Kunst und ihrem Wesen selbst. Nicht eine abstrakte Definition derselben soll uns hier aber beschäftigen, denn es handelt sich natürlich nur darum, die Bedeutung der Kunst als Ergebniß des staatlichen Lebens zu ergründen, die Kunst als soziales Produkt zu erkennen. Eine flüchtig übersichtliche Betrachtung der Hauptmomente der europäischen Kunstgeschichte soll uns hierzu willkommene Dienste leisten, und zur Aufklärung über die vorliegende, wahrlich nicht unwichtige Frage verhelfen.

Wir können bei einigem Nachdenken in unserer Kunst keinen Schritt thun, ohne auf den Zusammenhang derselben mit der *Kunst der Griechen* zu treffen. In Wahrheit ist unsere moderne Kunst nur ein Glied in der Kette der Kunstentwickelung des gesammten Europa, und diese nimmt ihren Ausgang von den Griechen.

Der griechische Geist, wie er sich zu seiner Blüthezeit in Staat und Kunst zu erkennen gab, fand, nachdem er die rohe Naturreligion der asiatischen Heimath überwunden, und den *schönen und starken freien Menschen* auf die Spitze seines religiösen Bewußtseins gestellt hatte, seinen entsprechendsten Ausdruck in *Apollon*, dem eigentlichen Haupt- und Nationalgotte der hellenischen Stämme.

Apollon, der den chaotischen Drachen Python erlegt, die eitlen Söhne der prahlerischen Niobe mit seinen tödtlichen Geschossen vernichtet hatte, der durch seine Priesterin zu Delphoi den Fragenden das Urgesetz griechischen Geistes und Wesens verkündete, und so dem in leidenschaftlicher Handlung Begriffenen den ruhigen, ungetrübten Spiegel seiner innersten, unwandelbar griechischen Natur vorhielt, – Apollon war der Vollstrecker von Zeus' Willen auf der griechischen Erde, er war das griechische Volk.

Nicht den weichlichen Musentänzer, wie ihn uns die spätere, üppigere Kunst der Bildhauerei allein überliefert hat, haben wir uns zur Blüthezeit des griechischen Geistes unter Apollon zu denken; sondern mit den Zügen heitern Ernstes, schön, aber stark, kannte ihn der große Tragiker *Aischylos*. So lernte ihn die spartanische Jugend kennen, wenn sie den schlanken Leib durch Tanzen und Ringen zu Anmuth und Stärke entwickelte; wenn der Knabe vom Geliebten auf das Roß genommen, und zu kecken Abenteuern weit in das Land hinaus entführt wurde; wenn der Jüngling in die Reihen der Genossen trat, bei denen er keinen anderen Anspruch geltend zu machen hatte, als den seiner Schönheit und Liebenswürdigkeit, in denen allein seine Macht, sein Reichthum lag. So sah ihn der Athener, wenn alle Triebe seines schönen Leibes, seines rastlosen Geistes ihn zur Wiedergeburt seines eigenen Wesens durch den idealen Ausdruck der Kunst hindrängten; wenn die Stimme, voll und tönend, zum Chorgesang sich erhob, um zugleich des Gottes Thaten zu singen und den Tänzern den schwungvollen Takt zu dem Tanze zu geben, der in anmuthiger und kühner Bewegung jene Thaten selbst darstellte; wenn er auf harmonisch geordneten Säulen das edle Dach wölbte, die weiten Halbkreise des Amphitheaters über einander reihte, und die sinnigen Anordnungen der Schaubühne entwarf. Und so sah ihn, den herrlichen Gott, der von Dionysos begeisterte tragische Dichter, wenn er allen Elementen der üppig aus dem schönsten menschlichen Leben, ohne Geheiß, von selbst, und aus innerer Naturnothwendigkeit aufgesproßten Künste, das kühne, bindende Wort, die erhabene dichterische Absicht zuwies, die sie alle wie in einen Brennpunkt vereinigte, um das höchste erdenkliche Kunstwerk, das *Drama*, hervorzubringen.

Die Thaten der Götter und Menschen, ihre Leiden, ihre Wonnen, wie sie ernst und heiter als ewiger Rhythmus, als ewige Harmonie aller Bewegung, alles Daseins in dem hohen Wesen Apollon's verkündet lagen, hier wurden sie wirklich und wahr; denn Alles, was sich in ihnen bewegte und lebte, wie es im Zuschauer sich bewegte und lebte, hier fand es seinen vollendetsten Ausdruck, wo Auge und Ohr, wie Geist und Herz, lebendig und wirklich Alles erfaßten und vernahmen, Alles leiblich und geistig wahrhaftig sahen, was die Einbildung sich nicht mehr nur vorzustellen brauchte. Solch' ein Tragödientag war ein Gottesfest, denn hier sprach der Gott sich deutlich und vernehmbar aus: der Dichter war sein hoher Priester, der wirklich und leibhaftig in seinem Kunstwerke darinnen stand, die Reigen der Tänzer führte, die Stimme zum Chor erhob und in tönenden Worten die Sprüche göttlichen Wissens verkündete.

Das war das griechische Kunstwerk, das der zu wirklicher, lebendiger Kunst gewordene Apollon, – das war das griechische Volk in seiner höchsten Wahrheit und Schönheit.

Dieses Volk, in jedem Theile, in jeder Persönlichkeit überreich an Individualität und Eigenthümlichkeit, rastlos thätig, im Ziele einer Unternehmung nur den Angriffspunkt einer neuen Unternehmung erfassend, unter sich in beständiger Reibung in täglich wechselnden Bündnissen, täglich sich neu gestaltenden Kämpfen, heute im Gelingen, morgen im Mislingen, heute von äußerster Gefahr bedroht, morgen seinen Feind bis zur Vernichtung bedrängend, nach innen und außen in unaufhaltsamster, freiester

Entwickelung begriffen, – dieses Volk strömte von der Staatsversammlung, vom Gerichtsmarkte, vom Lande, von den Schiffen, aus dem Kriegslager, aus fernsten Gegenden, zusammen, erfüllte zu Dreißigtausend das Amphitheater, um die tiefsinnigste aller Tragödien, den *Prometheus*, aufführen zu sehen, um sich vor dem gewaltigsten Kunstwerke zu sammeln, sich selbst zu erfassen, seine eigene Thätigkeit zu begreifen, mit seinem Wesen, seiner Genossenschaft, seinem Gotte sich in die innigste Einheit zu verschmelzen und so in edelster, tiefster Ruhe Das wieder zu sein, was es vor wenigen Stunden in rastlosester Aufregung und gesondertster Individualität ebenfalls gewesen war.

Stets eifersüchtig auf seine größte persönliche Unabhängigkeit, nach jeder Richtung hin den »Tyrannen« verfolgend, der, möge er selbst weise und edel sein, dennoch seinen kühnen freien Willen zu beherrschen streben könnte; verachtend jenes weichliche Vertrauen, das unter dem schmeichlerischen Schatten einer fremden Fürsorge zu träger egoistischer Ruhe sich lagert; immer auf der Hut, unermüdlich zur Abwehr äußeren Einflusses, keiner noch so altehrwürdigen Überlieferung Macht gebend über sein freies, gegenwärtiges Leben, Handeln und Denken, – verstummte der Grieche vor dem Anrufe des Chores, ordnete er sich gern der sinnreichen Übereinkunft in der scenischen Anordnung unter, gehorchte er willig der großen Nothwendigkeit, deren Ausspruch ihm der Tragiker durch den Mund seiner Götter und Helden auf der Bühne verkündete. Denn in der Tragödie fand er sich ja selbst wieder, und zwar das edelste Theil seines Wesens, vereinigt mit den edelsten Theilen des Gesammtwesens der ganzen Nation; aus sich selbst, aus seiner innersten, ihm bewußt werdenden Natur, sprach er sich durch das tragische Kunstwerk das Orakel der Pythia, Gott und Priester zugleich, herrlicher göttlicher Mensch, er in der Allgemeinheit, die Allgemeinheit in ihm, als eine jener Tausenden von Fasern, welche in dem einen Leben der Pflanze aus dem Erdboden hervorwachsen, in schlanker Gestaltung in die Lüfte sich heben, um die eine schöne Blume hervorzubringen, die ihren wonnigen Duft der Ewigkeit spendet. Diese Blume war das Kunstwerk, ihr Duft der griechische Geist, der uns noch heute berauscht und zu dem Bekenntnisse entzückt, lieber einen halben Tag Grieche vor dem tragischen Kunstwerke sein zu mögen, als in Ewigkeit – ungriechischer *Gott!*

Genau mit der Auflösung des athenischen Staates hängt der Verfall der Tragödie zusammen. Wie sich der Gemeingeist in tausend egoistische

Richtungen zersplitterte, löste sich auch das große Gesammtkunstwerk der Tragödie in die einzelnen, ihm inbegriffenen Kunstbestandtheile auf: auf den Trümmern der Tragödie weinte in tollem Lachen der Komödiendichter Aristophanes, und aller Kunsttrieb stockte endlich vor dem ernsten Sinnen der Philosophie, welche über die Ursache der Vergänglichkeit des menschlichen Schönen und Starken nachdachte.

Der *Philosophie*, und nicht der Kunst, gehören die zwei Jahrtausende an, die seit dem Untergange der griechischen Tragödie bis auf unsere Tage verflossen. Wohl sandte die Kunst ab und zu ihre blitzenden Strahlen in die Nacht des unbefriedigten Denkens, des grübelnden Wahnsinns der Menschheit; doch dieß waren nur die Schmerzens- und Freudenausrufe des Einzelnen, der aus dem Wüste der Allgemeinheit sich rettete und als ein aus weiter Fremde glücklich Verirrter zu dem einsam rieselnden, kastalischen Quelle gelangte, an dem er seine durstigen Lippen labte, ohne der Welt den erfrischenden Trank reichen zu dürfen; oder es war die Kunst, die irgend einem jener Begriffe, ja Einbildungen diente, welche die leidende Menschheit bald gelinder, bald herber drückten, und die Freiheit des Einzelnen wie der Allgemeinheit in Fesseln schlugen; nie aber war sie der freie Ausdruck einer freien Allgemeinheit selbst: denn die wahre Kunst ist höchste Freiheit, und nur die höchste Freiheit kann sie aus sich kundgeben, kein Befehl, keine Verordnung, kurz kein außerkünstlerischer Zweck kann sie entstehen lassen.

Die Römer, deren nationale Kunst frühzeitig vor dem Einflusse der ausgebildeten griechischen Künste gewichen war, ließen sich von griechischen Architekten, Bildhauern, Malern bedienen, ihre Schöngeister übten sich an griechischer Rhetorik und Verskunst; die große Volksschaubühne eröffneten sie aber nicht den Göttern und Helden des Mythus, nicht den freien Tänzern und Sängern des heiligen Chores; sondern wilde Bestien, Löwen, Panther und Elephanten mußten sich im Amphitheater zerfleischen, um dem römischen Auge zu schmeicheln, Gladiatoren, zur Kraft und Geschicklichkeit erzogene Sklaven, mußten mit ihrem Todesröcheln das römische Ohr vergnügen.

Diese brutalen Weltbesieger behagten sich nur in der positivsten Realität, ihre Einbildungskraft konnte sich nur in materiellster Verwirklichung befriedigen. Den, dem öffentlichen Leben schüchtern entflohenen, Philosophen ließen sie getrost sich dem abstraktesten Denken überliefern; in der Öffentlichkeit selbst liebten sie, sich der allerkonkretesten Mordlust zu überlassen, das menschliche Leiden in absoluter physischer Wirklichkeit sich vorgestellt zu sehen.

Diese Gladiatoren und Thierkämpfer waren nun die Söhne aller europäischen Nationen, und die Könige, Edlen und Unedlen dieser Nationen waren alle gleich Sklaven des römischen Imperators, der ihnen somit ganz praktisch bewies, daß alle Menschen gleich wären, wie wiederum diesem Imperator selbst von seinen gehorsamen Prätorianern sehr oft deutlich und handgreiflich gezeigt wurde, daß auch er nichts weiter als ein Sklave sei.

Dieses gegenseitig und allseitig sich so klar und unläugbar bezeugende Sklaventhum verlangte, wie alles Allgemeine in der Welt, nach einem sich bezeichnenden Ausdrucke. Die offenkundige Erniedrigung und Ehrlosigkeit Aller, das Bewußtsein des gänzlichen Verlustes aller Menschenwürde, der endlich nothwendig eintretende Ekel vor den einzig ihnen übrig gebliebenen materiellsten Genüssen, die tiefe Verachtung alles eigenen Thuns und Treibens, aus dem mit der Freiheit längst aller Geist und künstlerische Trieb entwichen, diese jämmerliche Existenz ohne wirklichen, thaterfüllten Lebens konnte aber nur einen Ausdruck finden, der, wenn auch allerdings allgemein, wie der Zustand selbst, doch der geradeste Gegensatz der Kunst sein mußte. Die Kunst ist Freude an sich, am Dasein, an der Allgemeinheit; der Zustand jener Zeit am Ende der römischen Weltherrschaft war dagegen Selbstverachtung, Ekel vor dem Dasein, Grauen vor der Allgemeinheit. Also nicht die *Kunst* konnte der Ausdruck dieses Zustandes sein, sondern das *Christenthum*.

Das Christenthum rechtfertigt eine ehrlose, unnütze und jämmerliche Existenz des Menschen auf Erden aus der wunderbaren Liebe Gottes, der den Menschen keinesweges – wie die schönen Griechen irrthümlich wähnten – für ein freudiges, selbstbewußtes Dasein auf der Erde geschaffen, sondern ihn hier in einen ekelhaften Kerker eingeschlossen habe, um ihm, zum Lohne seiner darin eingesogenen Selbstverachtung, nach dem Tode einen endlosen Zustand allerbequemster und unthätigster Herrlichkeit zu bereiten. Der Mensch durfte daher und sollte sogar in dem Zustande tiefster und unmenschlicher Versunkenheit verbleiben, keine Lebensthätigkeit sollte er üben, denn dieses verfluchte Leben war ja die Welt des Teufels, d.i. der Sinne, und durch jedes Schaffen in ihm hätte er daher ja nur dem Teufel in die Hände gearbeitet, weßhalb denn auch der Unglückliche, der mit freudiger Kraft dieses Leben sich zu eigen machte, nach dem Tode ewige Höllenmarter erleiden mußte. Nichts wurde vom Menschen gefordert als der *Glaube*, d.h. das Zugeständniß seiner Elendigkeit, und das Aufgeben aller Selbstthätigkeit, sich dieser Elendigkeit zu entwinden, aus der nur die *unverdiente Gnade* Gottes ihn befreien sollte.

Der Historiker weiß nicht sicher, ob dieses die Ansicht jenes armen galiläischen Zimmermannssohnes ebenfalls gewesen sei, welcher beim Anblicke des Elends seiner Mitbrüder ausrief, er sei nicht gekommen, den Frieden in die Welt zu bringen, sondern das Schwert, der in liebevoller Entrüstung gegen jene heuchlerischen Pharisäer donnerte, die feig der römischen Gewalt schmeichelten, um desto herzloser nach unten hin das Volk zu knechten und zu binden, der endlich allgemeine Menschenliebe predigte, die er doch unmöglich Denen hätte zumuthen können, welche sich selbst alle verachten sollten. Der Forscher unterscheidet nur deutlicher den ungeheuren Eifer des wunderbar bekehrten Pharisäers Paulus, mit welchem dieser in der Bekehrung der Heiden augenfällig glücklich die Weisung befolgte: »Seid klug wie die Schlangen« u.s.w.; er vermag auch den sehr erkennbaren geschichtlichen Boden tiefster und allgemeinster Versunkenheit des civilisirten Menschengeschlechtes zu beurtheilen, aus welchem die Pflanze des endlich fertigen christlichen Dogmas seine Befruchtung empfing. So viel aber erkennt der redliche *Künstler* auf den ersten Blick, daß das Christenthum weder Kunst war, noch irgendwie aus sich die wirkliche lebendige Kunst hervorbringen konnte.

Der freie Grieche, der sich an die Spitze der Natur stellte, konnte aus der Freude des Menschen an sich die Kunst erschaffen: der Christ, der die Natur und sich gleichmäßig verwarf, konnte seinem Gotte nur auf dem Altar der Entsagung opfern, nicht seine Thaten, sein Wirken durfte er ihm als Gabe darbringen, sondern durch die Enthaltung von allem selbständig kühnen Schaffen glaubte er ihn sich verbindlich machen zu müssen. Die Kunst ist die höchste Thätigkeit des im Einklang mit sich und der Natur sinnlich schön entwickelten Menschen; der Mensch muß an der sinnlichen Welt die höchste Freude haben, wenn er aus ihr das künstlerische Werkzeug bilden soll; denn aus der sinnlichen Welt allein kann er auch nur den Willen zum Kunstwerk fassen. Der Christ, wenn er wirklich das seinem Glauben entsprechende Kunstwerk schaffen wollte, hätte umgekehrt aus dem Wesen des abstrakten Geistes, der Gnade Gottes, den Willen fassen und in ihm das Werkzeug finden müssen, – was hätte aber dann seine Absicht sein können? Doch nicht die sinnliche Schönheit, welche für ihn die Erscheinung des Teufels war? Und wie hätte je der Geist überhaupt etwas sinnlich Wahrnehmbares erzeugen können?

Jedes Nachgrübeln ist hier unfruchtbar: die historischen Erscheinungen sprechen den Erfolg beider entgegengesetzter Richtungen am deutlichsten aus. Wo der Grieche zu seiner Erbauung sich auf wenige, des tiefsten Gehaltes volle Stunden im Amphitheater versammelte, schloß sich der Christ auf Lebenszeit in ein Kloster ein: dort richtete die Volksversammlung, hier die Inquisition; dort richtete sich der Staat zu einer aufrichtigen Demokratie, hier zu einem heuchlerischen Absolutismus.

Die *Heuchelei* ist überhaupt der hervorstechendste Zug, die eigentliche Physiognomie der ganzen christlichen Jahrhunderte bis auf unsere Tage, und zwar tritt dieses Laster ganz in dem Maaße immer greller und unverschämter hervor, als die Menschheit aus ihrem inneren unversiegbaren Quell, und trotz des Christenthums, sich neu erfrischte und der Lösung ihrer wirklichen Aufgabe zureifte. Die Natur ist so stark, so unvertilgbar immer neu gebährend, daß keine erdenkliche Gewalt ihre Zeugungskraft zu schwächen vermöchte. In die siechenden Adern der römischen Welt ergoß sich das gesunde Blut der frischen germanischen Nationen; trotz der Annahme des Christenthums blieb ein starker Thätigkeitstrieb, Luft zu kühnen Unternehmungen, ungebändigtes Selbstvertrauen das Element der neuen Herren der Welt. Wie in der ganzen Geschichte des Mittelalters wir aber immer nur auf den Kampf der weltlichen Gewalt gegen den Despotismus der römischen Kirche als den hervorstechendsten Zug treffen, so konnte auch da, wo er sich auszusprechen suchte, der künstlerische Ausdruck dieser neuen Welt immer nur im Gegensatze, im Kampfe gegen den Geist des Christenthums sich geltend machen: als der Ausdruck einer vollkommen harmonisch gestimmten Einheit der Welt, wie es die Kunst der griechischen Welt war, konnte sich die Kunst der christlich-europäischen Welt nicht kundgeben, eben weil sie in ihrem tiefsten Innern, zwischen Gewissen und Lebenstrieb, zwischen Einbildung und Wirklichkeit, unheilbar und unversöhnbar gespalten war. Die ritterliche Poesie des Mittelalters, die, wie das Institut des Ritterthums selbst, diesen Zwiespalt versöhnen sollte, konnte in ihren bezeichnendsten Gebilden nur die Lüge dieser Versöhnung darthun: je höher und kühner sie sich erhob, desto e pfindlicher klaffte der Abgrund zwischen dem wirklichen Leben und ʃr eingebildeten Existenz, zwischen dem rohen, leidenschaftlichen Geɔahren jener Ritter im leiblichen Leben, und ihrer überzärtlichen, verhimmelnden Aufführung in der Vorstellung. Eben deshalb ward das wirkliche Leben aus einer ursprünglich edlen, durchaus nicht anmuthlosen Volkssitte zu einem unfläthigen und lasterhaften, weil es nicht aus sich heraus,

aus der Freude an sich und seinem sinnlichen Gebahren den Kunsttrieb nähren durfte, sondern für alle geistige Thätigkeit auf das Christenthum angewiesen war, welches von vornherein alle Lebensfreude verwies und als verdammlich darstellte. – Die ritterliche Poesie war die ehrliche Heuchelei des Fanatismus, der Aberwitz des Heroismus: sie gab die Konvention für die Natur.

Erst als das Glaubensfeuer der Kirche ausgebrannt war, als die Kirche offenkundig sich nur noch als sinnlich wahrnehmbarer weltlicher Despotismus, und in Verbindung mit dem durch sie geheiligten, nicht minder sinnlich wahrnehmbaren, weltlichen Herrscherabsolutismus kundgab, sollte die sogenannte Wiedergeburt der Künste vor sich gehen. Womit man sich so lange den Kopf zermartert hatte, das wollte man leibhaftig, wie die weltlich prunkende Kirche selbst, endlich vor sich sehen: dieß war aber nicht anders möglich als dadurch, daß man die Augen aufmachte, und so den Sinnen wieder ihr Recht widerfahren ließ. Daß man nun die Gegenstände des Glaubens, die verklärten Geschöpfe der Phantasie, sich in sinnlicher Schönheit und mit künstlerischer Freude an dieser Schönheit vor die Augen stellte, dieß war die vollkommene Verneinung des Christenthums selbst: und daß die Anleitung zu diesen Kunstschöpfungen aus der heidnischen Kunst der Griechen selbst hergenommen werden mußte, das war die schmachvollste Demüthigung des Christenthums. Nichtsdestoweniger aber eignete sich die Kirche diesen neu erwachten Kunsttrieb zu, verschmähte es somit nicht, sich mit den fremden Federn des Heidenthums zu schmücken, und sich so als offenkundige Lügnerin und Heuchlerin hinzustellen.

Aber auch das weltliche Herrenthum hatte seinen Antheil an der Wiederbelebung der Künste. Nach langen Kämpfen in befestigter Gewalt nach unten, erweckte den Fürsten ein sorgenloser Reichthum die Luft zum feineren Genusse dieses Reichthums: sie nahmen dazu die den Griechen abgelernten Künste in ihren Sold: die »freie« Kunst diente den vornehmen Herren, und man weiß bei genauer Betrachtung nicht genau anzugeben, wer mehr Heuchler war, ob Ludwig XIV., als er sich an seiner Hofbühne in gewandten Versen griechischen Tyrannenhaß vorrezitiren ließ, oder Corneille und Racine, als sie gegen die Gunstbezeugungen ihres Herren die Freiheitsgluth und politische Tugend des alten Griechenlands und Roms ihren Theaterhelden in den Mund legten.

Konnte nun aber die Kunst da wirklich und wahrhaftig vorhanden sein, wo sie nicht als Ausdruck einer freien selbstbewußten Allgemeinheit aus dem Leben emporblühte, sondern von den Mächten, welche eben diese Allgemeinheit an ihrer freien Selbstentwickelung hinderten, in Dienst genommen und deßhalb auch nur willkürlich aus fremden Zonen verpflanzt werden konnte? Gewiß nicht. Und doch werden wir sehen, daß die Kunst, statt sich von immerhin respektablen Herren, wie die geistige Kirche und geistreiche Fürsten es waren, zu befreien, einer viel schlimmeren Herrin mit Haut und Haar sich verkaufte: *der Industrie.*

Der griechische Zeus, der Vater des Lebens, sandte den Göttern, wenn sie die Welt durchschweiften, vom Olympos einen Boten zu, den jugendlichen, schönen Gott *Hermes*; er war der geschäftige Gedanke des Zeus: beflügelt schwang er sich von den Höhen in die Tiefen, die Allgegenwart des höchsten Gottes zu künden; auch dem Tode des Menschen war er gegenwärtig, er geleitete die Schatten der Geschiedenen in das stille Reich der Nacht; denn überall, wo die große Nothwendigkeit der natürlichen Ordnung sich deutlich verkündete, war Hermes thätig und erkennbar, wie der ausgeführte Gedanke des Zeus.

Die Römer hatten einen Gott *Mercurius*, den sie dem griechischen Hermes verglichen. Seine geflügelte Geschäftigkeit gewann bei ihnen aber eine praktische Bedeutung: sie galt ihnen als die bewegliche Betriebsamkeit jener schachernden und wuchernden Kaufleute, die von allen Enden in den Mittelpunkt der römischen Welt zusammenströmten, um den üppigen Herren dieser Welt gegen vortheilhaften Gewinn alle sinnlichen Genüsse zuzuführen, welche die nächst umgebende Natur ihnen nicht zu bieten vermochte. Dem Römer erschien der Handel beim Überblick seines Wesens und Gebahrens zugleich als Betrug, und wie ihn diese Krämerwelt bei seiner immer steigenden Genußsucht ein nothwendiges Übel dünkte, hegte er doch eine tiefe Verachtung vor ihrem Treiben; und so ward ihm der Gott der Kaufleute, Merkur, zugleich zum Gott der Betrüger und Spitzbuben.

Dieser verachtete Gott rächte sich aber an den hochmüthigen Römern, und warf sich statt ihrer zum Herren der Welt auf: denn krönet sein Haupt mit dem Heiligenscheine christlicher Heuchelei, schmückt seine Brust mit dem seelenlosen Abzeichen abgestorbener feudalistischer Ritterorden, so habt ihr ihn, den Gott der modernen Welt, den heilig-hochadeligen Gott der fünf Procent, den Gebieter und Festordner unserer heutigen – Kunst. Leibhaftig seht ihr ihn in einem bigotten englischen Banquier, dessen Tochter einen ruinirten Ritter vom Hosenbandorden heirathete, vor euch, wenn er sich von den ersten Sängern der italienischen Oper, lieber noch in seinem Salon, als im Theater (jedoch auch hier um keinen Preis am heiligen Sonntage) vorsingen läßt, weil er den Ruhm hat, sie hier noch theurer bezahlen zu müssen, als dort. Das ist *Merkur* und seine gelehrige Dienerin, die *moderne Kunst.*

Das ist die Kunst, wie sie jetzt die ganze civilisirte Welt erfüllt! Ihr wirkliches Wesen ist die Industrie, ihr moralischer Zweck der Gelderwerb, ihr ästhetisches Vorgeben die Unterhaltung der Gelangweilten. Aus dem Herzen unserer modernen Gesellschaft, aus dem Mittelpunkte ihrer kreisförmigen Bewegung, der Geldspekulation im Großen, saugt unsere Kunst ihren Lebenssaft, erborgt sich eine herzlose Anmuth aus den leblosen Überresten mittelalterlich ritterlicher Konvention, und läßt sich von da – mit scheinbarer Christlichkeit auch das Schärflein des Armen nicht verschmähend – zu den Tiefen des Proletariats herab, entnervend, entsittlichend, entmenschlichend überall, wohin sich das Gift ihres Lebenssaftes ergießt.

Ihren Lieblingssitz hat sie im *Theater* aufgeschlagen, gerade wie die griechische Kunst zu ihrer Blüthezeit; und sie hat ein Recht auf das Theater, weil sie der Ausdruck des gültigen öffentlichen Lebens unserer Gegenwart ist. Unsere moderne theatralische Kunst versinnlicht den herrschenden Geist unseres öffentlichen Lebens, sie drückt ihn in einer alltäglichen Verbreitung aus wie nie eine andere Kunst, denn sie bereitet ihre Feste Abend für Abend fast in jeder Stadt Europas. Somit bezeichnet sie, als ungemein verbreitete dramatische Kunst, dem Anscheine nach die Blüthe unserer Kultur, wie die griechische Tragödie den Höhepunkt des griechischen Geistes bezeichnete: aber diese ist die Blüthe der Fäulniß einer hohlen, seelenlosen, naturwidrigen Ordnung der menschlichen Dinge und Verhältnisse.

Diese Ordnung der Dinge brauchen wir hier nicht selbst näher zu charakterisiren, wir brauchen nur ehrlich den Inhalt und das öffentliche Wirken unserer Kunst, und namentlich eben der theatralischen zu prüfen, um den herrschenden Geist der Öffentlichkeit in ihr wie in einem getreuen Spiegelbilde zu erkennen: denn solch' ein Spiegelbild war die öffentliche Kunst immer.

Und so erkennen wir denn in unserer öffentlichen theatralischen Kunst keinesweges das wirkliche Drama, dieses eine, untheilbare, größte Kunstwerk des menschlichen Geistes: unser Theater bietet bloß den bequemen Raum zur lockenden Schaustellung einzelner, kaum oberflächlich verbundener, künstlicher, oder besser: kunstfertiger Leistungen. Wie unfähig unser Theater ist, als wirkliches Drama die innige Vereinigung aller Kunstzweige zum höchsten, vollendetsten Ausdrucke zu bewirken, zeigt sich schon in seiner Theilung in die beiden Sonderarten des *Schauspiels* und der *Oper*, wodurch dem Schauspiel der idealisirende Ausdruck der Musik entzogen, der Oper aber von vornherein der Kern und die höchste Absicht des wirklichen Dramas abgesprochen ist. Während im Allgemeinen das Schauspiel somit nie zu idealem, poetischem Schwunge sich erheben konnte, sondern – auch ohne des hier zu übergehenden Einflusses einer unsittlichen Öffentlichkeit zu gedenken – fast schon wegen der Armuth an Mitteln des Ausdruckes aus der Höhe in die Tiefe, aus dem erwärmenden Elemente der Leidenschaft in das erkältende der Intrigue fallen mußte, ward vollends die Oper zu einem Chaos durch einander flatternder sinnlicher Elemente ohne Hast und Band, aus dem sich ein Jeder nach Belieben auflesen konnte, was seiner Genußfähigkeit am besten behagte, hier den zierlichen Sprung einer Tänzerin, dort die verwegene Passage eines Sängers, hier den glänzenden Effekt eines Dekorationsmalerstückes, dort den verblüffenden Ausbruch eines Orchestervulkans. Oder liest man nicht heut' zu Tage, diese oder jene neue Oper sei ein Meisterwerk, denn sie enthalte viele schöne Arien und Duetten, auch sei die Instrumentation des Orchesters sehr brillant u.s.w.? Der Zweck, der einzig den Verbrauch so mannigfaltiger Mittel zu rechtfertigen hat, der große dramatische Zweck – fällt den Leuten gar nicht mehr ein.

Solche Urtheile sind bornirt, aber ehrlich; sie zeigen ganz einfach, um was es dem Zuhörer zu thun ist. Es gibt auch eine große Anzahl beliebter Künstler, welche durchaus nicht in Abrede stellen, daß sie gerade nicht mehr Ehrgeiz hätten, als jenen bornirten Zuhörer zu befriedigen. Sehr richtig urtheilen sie: wenn der Prinz von einer anstrengenden Mittagstafel, der Banquier von einer angreifenden Spekulation, der Arbeiter vom ermüdenden Tagewerke im Theater anlangt, so will er ausruhen, sich zerstreuen, unterhalten, er will sich nicht anstrengen und von Neuem aufregen. Dieser Grund ist so schlagend wahr, daß wir ihm einzig nur zu entgegnen haben, wie es schicklicher sei, zu dem angegebenen Zwecke alles Mögliche, nur nicht das Material und das Vorgeben der Kunst verwenden zu wollen. Hierauf wird uns dann aber erwidert, daß, wolle man die Kunst nicht so verwenden, die Kunst ganz aufhören und dem öffentlichen Leben gar nicht mehr beizubringen sein, d.h. der Künstler nichts mehr zu leben haben würde.

Nach dieser Seite hin ist alles jämmerlich, aber treuherzig, wahr und ehrlich: civilisirte Versunkenheit, modern christlicher Stumpfsinn!

Was sagen wir aber bei unläugbar so bewandten Umständen zu dem heuchlerischen Vorgeben manches unserer Kunstheroen, dessen Ruhm an der Tagesordnung ist, wenn er sich den melancholischen Anschein wirklich künstlerischer Begeisterung giebt, wenn er nach Ideen greift, tiefe Beziehungen verwendet, auf Erschütterungen Bedacht nimmt, Himmel und Hölle in Bewegung setzt, kurz, wenn er sich so gebärdet, wie jene ehrlichen Tageskünstler behaupteten, daß man *nicht* verfahren müsse, wolle man seine Waare los werden? Was sagen wir dazu, wenn solche Heroen wirklich nicht nur unterhalten wollen, sondern sich selbst in die Gefahr stürzen, zu langweilen, um für tiefsinnig zu gelten, wenn sie somit selbst auf großen Erwerb verzichten, ja – doch nur ein geborener Reicher vermag das! – sogar um ihrer Schöpfungen willen selbst Geld ausgeben, somit also das höchste moderne Selbstopfer bringen? Zu was dieser ungeheure Aufwand? Ach, es giebt ja noch Eines außer Geld: nämlich Das, was man unter anderen Genüssen auch durch Geld heut' zu Tage sich verschaffen kann: *Ruhm!* – Welcher Ruhm ist aber in unserer öffentlichen Kunst zu erringen? Der Ruhm derselben Öffentlichkeit, für welche diese Kunst berechnet ist, und welcher der Ruhmgierige nicht anders beizukommen vermag, als wenn er ihren trivialen Ansprüchen dennoch sich unterzuordnen weiß. So belügt er denn sich und das Publikum, indem er ihm sein scheckiges Kunstwerk gibt, und das Publikum belügt ihn und sich, indem es ihm Beifall spendet; aber diese gegenseitige Lüge ist der großen Lüge des modernen Ruhmes an sich wohl schon werth, wie wir es denn überhaupt verstehen, unsere allereigensüchtigsten Leidenschaften mit den schönen Hauptlügen von »Patriotismus«, »Ehre«, »Gesetzlichkeitssinn« u.s.w. zu behängen.

Woher kommt es aber, daß wir es für nöthig halten, uns gegenseitig so offenkundig zu belügen? – Weil jene Begriffe und Tugenden im Gewissen unserer herrschenden Zustände allerdings vorhanden sind, zwar nicht in ihrem guten, aber doch in ihrem *schlechten* Gewissen. Denn so gewiß es ist, daß das Edle und Wahre wirklich vorhanden ist, so gewiß ist es auch, daß die wahre Kunst vorhanden ist. Die größten und edelsten Geister, – Geister, vor denen Aischylos und Sophokles freudig als Brüder sich geneigt haben würden, haben seit Jahrhunderten ihre Stimme aus der Wüste erhoben; wir haben sie gehört und noch tönt ihr Ruf in unseren Ohren: aber aus unseren eitlen, gemeinen Herzen haben wir den lebendigen Nachklang ihres Rufes verwischt; wir zittern vor ihrem Ruhm, lachen aber vor ihrer Kunst, wir ließen sie erhabene Künstler sein, verwehrten ihnen aber das Kunstwerk, denn das große, wirkliche, eine Kunstwerk können sie nicht allein schaffen, sondern dazu müssen wir mitwirken. Die Tragödie des Aischylos und Sophokles war das Werk Athen's.

Was nützt nun dieser Ruhm der Edlen? Was nützte es uns, daß *Shakespeare* als zweiter Schöpfer den unendlichen Reichthum der wahren menschlichen Natur uns erschloß? Was nützte es uns daß *Beethoven* der Musik männliche, selbständige Dichterkraft verlieh? Fragt die armseligen Karikaturen eurer Theater, fragt die gassenhauerischen Gemeinplätze eurer Opernmusiken, und ihr erhaltet die Antwort! Aber, braucht ihr erst zu fragen? Ach nein! Ihr wißt es recht gut; ihr wollt es ja eben nicht anders, ihr stellt euch nur, als wüßtet ihr es nicht!

Was ist nun eure Kunst, was euer Drama?

Die Februarrevolution entzog in Paris den Theatern die öffentliche Theilnahme, viele von ihnen drohten einzugehen. Nach den Junitagen kam ihnen Cavaignac, mit der Aufrechthaltung der bestehenden gesellschaftlichen Ordnung beauftragt, zu Hülfe und forderte Unterstützung zu ihrem Weiterbestehen. Warum? Weil die *Brodlosigkeit, das Proletariat* durch das Eingehen der Theater vermehrt werden würde. Also bloß dieses Interesse hat der Staat am Theater! Er sieht in ihm die industrielle Anstalt; nebenbei wohl aber auch ein geistschwächendes, Bewegung absorbirendes, erfolgreiches Ableitungsmittel für die gefahrdrohende Regsamkeit des erhitzten Menschenverstandes, welcher im tiefsten Mismuth über die Wege brütet, auf denen die entwürdigte menschliche Natur wieder zu sich selbst gelangen soll, sei es auch auf Kosten des Bestehens unserer – sehr zweckmäßigen Theaterinstitute!

Nun, dieß ist ehrlich ausgesprochen, und der Unverhohlenheit dieses Ausspruches ganz zur Seite steht die Klage unserer modernen Künstlerschaft und ihr Haß gegen die Revolution. Was hat aber mit diesen Sorgen, diesen Klagen die *Kunst* gemein?

Halten wir nun die öffentliche Kunst des modernen Europa in ihren Hauptzügen zu der öffentlichen Kunst der Griechen, um uns deutlich den charakteristischen Unterschied derselben vor die Augen zu stellen.

Die öffentliche Kunst der Griechen, wie sie in der Tragödie ihren Höhepunkt erreichte, war der Ausdruck des Tiefsten und Edelsten des Volksbewußtseins: das Tiefste und Edelste unseres menschlichen Bewußtseins ist der reine Gegensatz, die Verneinung unserer öffentlichen Kunst. Dem Griechen war die Aufführung einer Tragödie eine religiöse Feier, auf ihrer Bühne bewegten sich Götter und spendeten den Menschen ihre Weisheit: unser schlechtes Gewissen stellt unser Theater selbst so tief in der öffentlichen Achtung, daß es die Angelegenheit der Polizei sein darf, dem Theater alles Befassen mit religiösen Gegenständen zu verbieten, was gleich charakteristisch ist für unsere Religion wie für unsere Kunst. In den weiten Räumen des griechischen Amphitheaters wohnte das ganze Volk den Vorstellungen bei; in unseren vornehmen Theatern faulenzt nur der vermögende Theil desselben. Seine Kunstwerkzeuge zog der Grieche aus den Ergebnissen höchster gemeinschaftlicher Bildung; wir aus denen tiefster sozialer Barbarei. Die Erziehung des Griechen machte ihn von frühester Jugend an sich selbst zum Gegenstande künstlerischer Behandlung und künstlerischen Genusses, an Leib wie an Geist: unsere stumpfsinnige, meist nur auf zukünftigen industriellen Erwerb zugeschnittene Erziehung bringt uns ein albernes und doch hochmüthiges Behagen an unserer künstlerischen Ungeschicklichkeit bei, und läßt uns die Gegenstände irgend welcher künstlerischen Unterhaltung nur außer uns suchen, mit ungefähr demselben Verlangen, wie der Wüstling den flüchtigen Liebesgenuß einer Prostituirten aufsucht. So war der Grieche selbst Darsteller, Sänger und Tänzer, seine Mitwirkung bei der Aufführung einer Tragödie war ihm höchster Genuß an dem Kunstwerke selbst, und es galt ihm mit Recht als Auszeichnung, durch Schönheit und Bildung zu diesem Genusse berechtigt zu sein: wir lassen einen gewissen Theil unseres gesellschaftlichen Proletariats, das sich ja in jeder Klasse vorfindet, zu unserer Unterhaltung abrichten; unsaubere Eitelkeit, Gefallsucht, und, unter gewissen Bedingungen, Aussicht auf schnellen, reichlichen Gelderwerb füllen die Reihen unserer Theaterpersonale. Wo der griechische Künstler, außer durch seinen eigenen Genuß am Kunstwerke durch den Erfolg und die öffentliche Zustimmung belohnt wurde, wird der moderne Künstler gehalten und – *bezahlt*. Und so gelangen wir denn dahin, den wesentlichen Unterschied fest und scharf zu bezeichnen, nämlich: die griechische öffentliche Kunst war eben *Kunst*, die unsrige – künstlerisches *Handwerk*.

Der *Künstler* hat, außer an dem Zwecke seines Schaffens, schon an diesem Schaffen, an der Behandlung des Stoffes und dessen Formung selbst Genuß; sein Produziren ist ihm an und für sich erfreuende und befriedigende Thätigkeit, nicht Arbeit. Dem *Handwerker* gilt nur der Zweck seiner Bemühung, der Nutzen, den ihm seine Arbeit bringt; die

Thätigkeit, die er verwendet, erfreut ihn nicht, sie ist ihm nur Beschwerde, unumgängliche Nothwendigkeit, die er am liebsten einer Maschine aufbürden möchte: seine Arbeit vermag ihn nur aus Zwang zu fesseln; deßhalb ist er auch nicht mit dem Geiste dabei gegenwärtig, sondern beständig darüber hinaus bei dem Zwecke, den er so gerade wie möglich erreichen möchte. Ist nun aber der unmittelbare Zweck des Handwerkers nur die Befriedigung eines eigenen Bedürfnisses, z.B. die Herstellung seiner eigenen Wohnung, seiner eigenen Geräthschaften, Kleidung u.s.w., so wird ihm mit dem Behagen an den ihm verbleibenden nützlichen Gegenständen allmählich auch Neigung zu einer solchen Zubereitung des Stoffes, wie sie seinem persönlichen Geschmacke zusagt, eintreten; nach der Herstellung des Nothwendigsten wird daher sein auf weniger drängende Bedürfnisse gerichtetes Schaffen sich von selbst zu einem künstlerischen erheben: giebt er aber das Produkt seiner Arbeit von sich, verbleibt ihm davon nur der abstrakte Geldeswerth, so kann sich unmöglich seine Thätigkeit je über den Charakter der Geschäftigkeit der Maschine erheben; sie gilt ihm nur als Mühe, als traurige, saure Arbeit. Dieß Letztere ist das Loos des Sklaven der Industrie; unsere heutigen Fabriken geben uns das jammervolle Bild tiefster Entwürdigung des Menschen: ein beständiges, geist- und leibtödtendes Mühen ohne Luft und Liebe, oft fast ohne Zweck.

Die beklagenswerthe Einwirkung des Christenthums läßt sich auch hierin nicht verkennen. Setzte dieses nämlich den Zweck des Menschen gänzlich außerhalb seines irdischen Daseins, und galt ihm nur dieser Zweck, der absolute, außermenschliche Gott, so konnte das Leben nur in Bezug auf seine unumgänglichst nothwendigen Bedürfnisse Gegenstand menschlicher Sorgfalt sein; denn, da man das Leben nun einmal empfangen hatte, war man auch verpflichtet, es zu erhalten, bis es Gott allein gefallen möchte, uns von seiner Last zu befreien: keinesweges aber durften seine Bedürfnisse uns Luft zu einer liebevollen Behandlung des Stoffes erwecken, den wir zu ihrer Befriedigung zu verwenden hatten; nur der abstrakte Zweck der nothdürftigen Erhaltung des Lebens konnte unsere sinnliche Thätigkeit rechtfertigen, und so sehen wir mit Entsetzen in einer heutigen Baumwollenfabrik den Geist des Christenthums ganz aufrichtig verkörpert: zu Gunsten der Reichen ist Gott Industrie geworden, die den armen christlichen Arbeiter gerade nur so lange am Leben erhält, bis himmlische Handelskonstellationen die gnadenvolle Nothwendigkeit herbeiführen, ihn in eine bessere Welt zu entlassen.

Das eigentliche Handwerk kannte der Grieche gar nicht. Die Beschaffung der sogenannten nothwendigen Lebensbedürfnisse, welche, genau genommen, die ganze Sorge unseres Privat- wie öffentlichen Lebens ausmacht, dünkte den Griechen nie würdig, ihm der Gegenstand besonderer und anhaltender Aufmerksamkeit zu sein. Sein Geist lebte nur in der Öffentlichkeit, in der Volksgenossenschaft: die Bedürfnisse dieser Öffentlichkeit machten seine Sorge aus; diese aber befriedigte der Patriot, der Staatsmann, der Künstler, nicht der Handwerker. Zu dem Genusse der Öffentlichkeit schritt der Grieche aus einer einfachen, prunklosen Häuslichkeit: schändlich und niedrig hätte es ihm gegolten, hinter prachtvollen Wänden eines Privatpalastes der raffinirten Üppigkeit und Wollust zu fröhnen, wie sie heut' zu Tage den einzigen Gehalt des Lebens eines Helden der Börse ausmachen; denn hierin unterschied sich der Grieche eben von dem egoistischen orientalisirten Barbaren. Die Pflege seines Leibes verschaffte er sich in den gemeinsamen öffentlichen Bädern und Gymnasien; die einfach edle Kleidung war der Gegenstand künstlerischer Sorgfalt meistens der Frauen, und wo er irgend auf die Nothwendigkeit des Handwerkes stieß, lag es eben in seiner Natur, diesem alsbald die künstlerische Seite abzugewinnen und es zur Kunst zu erheben. Das gröbste der häuslichen Hantirung wies er aber von sich ab – dem *Sklaven* zu.

Dieser *Sklave* ist nun die verhängnißvolle Angel alles Weltgeschickes geworden. Der Sklave hat, durch sein bloßes, als nothwendig erachtetes Dasein als Sklave, die Nichtigkeit und Flüchtigkeit aller Schönheit und Stärke des griechischen Sondermenschenthumes aufgedeckt, und für alle Zeiten nachgewiesen, *daß Schönheit und Stärke, als Grundzüge des öffentlichen Lebens, nur dann beglückende Dauer haben können, wenn sie allen Menschen zu eigen sind.*

Leider aber ist es bis jetzt nur bei diesem Nachweise geblieben. In Wahrheit bewährt sich die Jahrtausende lange Revolution des Menschenthumes fast nur im Geiste der Reaction: sie hat den schönen freien Menschen zu sich, zum Sklaventhum herabgezogen; der Sklave ist nicht frei, sondern der Freie ist Sklave geworden.

Dem Griechen galt nur der schöne und starke Mensch frei, und dieser Mensch war eben nur er: was außerhalb dieses griechischen Menschen, des Apollonpriesters lag, war ihm *Barbar*, und wenn er sich seiner bediente – Sklave. Sehr richtig war auch der Nicht-Grieche in Wirklichkeit Barbar und Sklave; aber er war *Mensch*, und sein Barbarenthum, sein Sklaventhum war nicht seine Natur, sondern sein Schicksal, die Sünde der Geschichte an seiner Natur, wie es heut' zu Tage die Sünde der Gesellschaft und Civilisation ist, daß aus den gesündesten Völkern im gesündesten Klima Elende und Krüppel geworden sind. Diese Sünde der Geschichte sollte sich aber an dem freien Griechen selbst gar bald ebenfalls ausüben: wo das Gewissen der *absoluten Menschenliebe* in den Nationen nicht lebte, brauchte der Barbar den Griechen nur zu unterjochen, so war es mit seiner Freiheit auch um seine Stärke, seine Schönheit gethan; und in tiefer Zerknirschung sollten zweihundert Millionen im römischen Reich wüst durch einander geworfener Menschen gar bald empfinden, daß – sobald *alle* Menschen nicht *gleich frei und glücklich* sein können – alle Menschen *gleich Sklave* und *elend* sein müßten.

Und so sind wir denn bis auf den heutigen Tag Sklaven, nur mit dem Troste des Wissens, daß wir eben alle Sklaven sind: Sklaven, denen einst christliche Apostel und Kaiser Konstantin riethen, ein elendes Diesseits geduldig um ein besseres Jenseits hinzugeben; Sklaven, denen heute von Banquiers und Fabrikbesitzern gelehrt wird, den Zweck des Daseins in der Handwerksarbeit um das tägliche Brot zu suchen. Frei von dieser Sklaverei fühlte sich zu seiner Zeit nur Kaiser Konstantin, der über das, ihnen als nutzlos dargestellte irdische Leben seiner gläubigen Unterthanen als genußsüchtiger heidnischer Despot verfügte; frei fühlt sich heut' zu Tage, wenigstens im Sinne der öffentlichen Sklaverei, nur Der, welcher Geld hat, weil er sein Leben nach Belieben zu etwas Anderem, als eben nur dem Gewinne des Lebens verwenden kann. Wie nun das Bestreben nach Befreiung aus der allgemeinen Sklaverei in der römischen und mittelalterlichen Welt sich als Verlangen nach absoluter Herrschaft kundgab, so tritt es heute als Gier nach Geld auf; und wundern wir uns daher nicht, wenn auch die Kunst nach Gelde geht, denn nach seiner Freiheit, seinem Gotte strebt Alles: unser Gott aber ist das Geld, unsere Religion der Gelderwerb.

Die Kunst bleibt an sich aber immer, was sie ist; wir müssen nur sagen, daß sie in der modernen Öffentlichkeit nicht vorhanden ist; sie lebt aber, und hat im Bewußtsein des Individuums immer als eine, untheilbare schöne Kunst gelebt. Somit ist der Unterschied nur der: bei den Griechen war sie im öffentlichen Bewußtsein vorhanden, wogegen sie heute nur im Bewußtsein des Einzelnen, im Gegensatze zu dem öffentlichen Unbewußtsein davon, da ist. Zur Zeit ihrer Blüthe war die Kunst bei den Griechen daher *konservativ*, weil sie dem öffentlichen Bewußtsein als ein gültiger und entsprechender Ausdruck vorhanden war: bei uns ist die echte Kunst *revolutionär*, weil sie nur im Gegensatze zur gültigen Allgemeinheit existirt.

Bei den Griechen war das vollendete, das dramatische Kunstwerk, der Inbegriff alles aus dem griechischen Wesen Darstellbaren; es war, im innigen Zusammenhange mit ihrer Geschichte, die Nation selbst, die sich bei der Aufführung des Kunstwerkes gegenüber stand, sich begriff, und im Verlaufe weniger Stunden zum eigenen, edelsten Genusse sich gleichsam selbst verzehrte. Jede Zertheilung dieses Genusses, jede Zersplitterung der in *einen* Punkt vereinigten Kräfte, jedes. Auseinandergehen der Elemente nach verschiedenen besonderen Richtungen – mußte diesem herrlich *einen* Kunstwerke, wie dem ähnlich beschaffenen Staate selbst, nur nachtheilig sein, und deßwegen durfte es nur fortblühen, nicht aber sich verändern. Somit war die Kunst konservativ, wie die edelsten Männer des griechischen Staates zu der gleichen Zeit konservativ waren, und *Aischylos* ist der bezeichnendste Ausdruck dieses Konservativismus: sein herrlichstes konservatives Kunstwerk ist die *Oresteia*, mit der er sich als. Dichter dem jugendlichen *Sophokles*, wie als Staatsmann dem revolutionären *Perikles* zugleich entgegenstellte. Der Sieg des Sophokles, wie der des Perikles, war im Geiste der fortschreitenden Entwickelung der Menschheit; aber die Niederlage des Aischylos war der erste Schritt abwärts von der Höhe der griechischen Tragödie, der erste Moment der Auflösung des athenischen Staates.

Mit dem späteren Verfall der Tragödie hörte die Kunst immer mehr auf, der Ausdruck des öffentlichen Bewußtseins zu sein: das Drama löste sich in seine Bestandtheile auf: Rhetorik, Bildhauerei, Malerei, Musik u.s.w. verließen den Reigen, in dem sie vereint sich bewegt hatten, um nun jede ihren Weg für sich zu gehen, sich selbständig, aber einsam, egoistisch fortzubilden. Und so war es bei der Wiedergeburt der Künste, daß wir zunächst auf diese vereinzelten griechischen Künste trafen, wie sie aus der Auflösung der Tragödie sich entwickelt hatten: das große griechische Gesammtkunstwerk durfte unserem verwilderten, an sich irren und zersplitterten Geiste nicht in seiner Fülle zuerst aufstoßen: denn wie hätten wir es verstehen sollen? Wohl aber wußten wir uns jene vereinzelten Kunsthandwerke zu eigen zu machen; denn als edle Handwerke, zu denen sie schon in der römisch-griechischen Welt herabgesunken waren, lagen sie unserem Geiste und Wesen nicht so ferne: der Zunft- und Handwerksgeist des neuen Bürgerthums regte sich lebendig in den Städten; Fürsten und Vornehme gewannen es lieb, ihre Schlösser anmuthiger bauen und verzieren, ihre Säle mit reizenderen Gemälden ausschmücken zu lassen, als es die rohe Kunst des Mittelalters vermocht hatte. Die Pfaffen bemächtigten sich der Rhetorik für die Kanzeln, der Musik für den Kirchenchor; und es arbeitete sich die neue Handwerkswelt tüchtig in die einzelnen Künste der Griechen hinein, so weit sie ihr verständlich und zweckmäßig erschienen.

Jede dieser einzelnen Künste, zum Genuß und zur Unterhaltung der Reichen üppig genährt und gepflegt, hat nun die Welt mit ihren Produkten reichlich erfüllt; große Geister haben in ihnen Entzückendes geleistet: die eigentliche wirkliche Kunst ist aber durch und seit der Renaissance noch nicht wiedergeboren worden; denn das vollendete Kunstwerk, der große, einige Ausdruck einer freien schönen Öffentlichkeit, das *Drama, die Tragödie*, ist – so große Tragiker auch hie und da gedichtet haben – noch nicht *wiedergeboren*, eben weil es nicht *wieder* geboren, sondern von Neuem *geboren* werden muß.

Nur die große *Menschheitsrevolution*, deren Beginn die griechische Tragödie einst zertrümmerte, kann auch dieses Kunstwerk uns gewinnen; denn nur die Revolution kann aus ihrem tiefsten Grunde Das von Neuem, und schöner, edler, allgemeiner gebären, was sie dem konservativen Geiste einer früheren Periode schöner, aber beschränkter Bildung, entriß und verschlang.

Aber eben die *Revolution*, nicht etwa die *Restauration*, kann uns jenes höchste Kunstwerk wiedergeben. Die Aufgabe, die wir vor uns haben, ist unendlich viel größer als die, welche bereits einmal gelöst worden ist. Umfaßte das griechische Kunstwerk den Geist einer schönen Nation, so soll das Kunstwerk der Zukunft den Geist der freien Menschheit über alle Schranken der Nationalitäten hinaus umfassen; das nationale Wesen in ihm darf nur ein Schmuck, ein Reiz individueller Mannigfaltigkeit, nicht eine hemmende Schranke sein. Etwas ganz Anderes haben wir daher zu schaffen, als etwa eben nur das Griechenthum wieder herzustellen; gar wohl ist die thörige Restauration eines Scheingriechenthums im Kunstwerke versucht worden, – was ist von Künstlern bisher auf Bestellung nicht versucht worden? – Aber etwas Anderes als wesenloses Gaukelspiel hat nie daraus hervorgehen können: es waren dieß eben nur Kundgebungen desselben heuchlerischen Strebens, welches wir in unserer ganzen offiziellen Civilisationsgeschichte immer im Ausweichen des einzig richtigen Strebens begriffen sehen, des Strebens der Natur.

Nein, wir wollen nicht wieder Griechen werden; denn was die Griechen nicht wußten, und weßwegen sie eben zu Grunde gehen mußten, das wissen wir. Gerade ihr Fall, dessen Ursache wir nach langem Elend und aus tiefstem allgemeinen Leiden heraus erkennen, zeigt uns deutlich, was wir werden müssen: er zeigt uns, daß wir alle Menschen lieben müssen, um uns selbst wieder lieben, um Freude an uns selbst wieder gewinnen zu können. Aus dem entehrenden Sklavenjoche des allgemeinen Handwerkerthums mit seiner bleichen Geldseele wollen wir uns zum freien künstlerischen Menschenthume mit seiner strahlenden Weltseele aufschwingen; aus mühselig beladenen Tagelöhnern der Industrie wollen wir Alle zu schönen, starken Menschen werden, denen die Welt gehört als ein ewig unversiegbarer Quell höchsten künstlerischen Genusses.

Zu diesem Ziele bedürfen wir der allgewaltigsten Kraft der Revolution; denn nur die Revolutionskraft ist die unsrige, die an das Ziel hindringt, an das Ziel, dessen Erreichung sie einzig dafür rechtfertigen kann, daß sie ihre erste Thätigkeit in der Zersplitterung der griechischen Tragödie, in der Auflösung des athenischen Staates ausübte.

Woher sollen wir nun aber diese Kraft schöpfen im Zustande tiefster Entkräftung? Woher die menschliche Stärke gegen den Alles lähmenden Druck einer Civilisation, welche den Menschen vollkommen verläugnet? Gegen den Übermuth einer Kultur, welche den menschlichen Geist nur als Dampfkraft der Maschine verwendet? Woher das Licht zur Erleuchtung jenes herrschenden, grausamen Aberglaubens, daß jene Civilisation, jene Kultur an sich mehr werth seien, als der wirkliche lebendige Mensch? Daß der Mensch nur als Werkzeug jener gebietenden abstrakten Mächte Werth und Geltung habe, nicht an sich und als Mensch?

Wo der gelehrte Arzt kein Mittel mehr weiß, da wenden wir uns endlich verzweifelnd wieder an – die *Natur*. Die Natur, und nur die Natur, kann auch die Entwirrung des großen Weltgeschickes allein vollbringen. Hat die Kultur, von dem Glauben des Christenthums an die Verwerflichkeit der menschlichen Natur ausgehend, den Menschen verläugnet, so hat sie sich eben einen Feind erschaffen, der sie nothwendig einst so weit vernichten muß, als der Mensch nicht in ihr Raum hat: denn dieser Feind ist eben die ewig und einzig lebende Natur. Die Natur, die menschliche Natur wird den beiden Schwestern, Kultur und Civilisation, das Gesetz verkündigen: »so weit ich in euch enthalten bin, sollt ihr leben und blühen; so weit ich nicht in euch bin, sollt ihr aber sterben und verdorren!«

In dem menschenfeindlichen Fortschreiten der Kultur sehen wir jedenfalls dem glücklichen Erfolge entgegen, daß ihre Last und Beschränkung der Natur so riesenhaft anwachse, daß sie der zusammengepreßten unsterblichen Natur endlich die nöthige Schnellkraft giebt, mit einem einzigen Rucke die ganze Last und Beengung weit von sich zu schleudern; und diese ganze Kulturanhäufung hätte somit die Natur nur ihre ungeheure Kraft *erkennen* gelehrt: die Bewegung dieser Kraft aber ist – *die Revolution*.

Wie äußert sich auf dem gegenwärtigen Standpunkte der sozialen Bewegung nun diese revolutionäre Kraft? Äußert sie sich nicht zunächst als der Trotz des Handwerkers auf das moralische Bewußtsein von seiner Arbeitsamkeit gegenüber der lasterhaften Trägheit oder unsittlichen Geschäftigkeit der Reichen? Will er nicht, wie aus Rache, das Prinzip der Arbeit zur einzig berechtigten Religion der Gesellschaft erheben? Den Reichen zwingen, gleich ihm zu arbeiten, um auch im Schweiße seines Angesichts sein tägliches Brot sich zu verdienen? Hätten wir nicht zu fürchten, daß die Ausführung dieses Zwanges die Anerkennung jenes Prinzipes gerade das menschenentwürdigende Handwerkerthum endlich zur absoluten Weltmacht erheben, und, um bei unserem Hauptgegenstande zu bleiben, die Kunst geradezu für alle Zeit unmöglich machen müßte?

In Wahrheit ist dieß die Befürchtung manches redlichen Freundes der Kunst, sogar manches aufrichtigen Menschenfreundes, dem es um den Schutz des edleren Kernes unserer Civilisation wirklich allein zu thun ist. Diese verkennen aber das eigentliche Wesen der großen sozialen Bewegung; sie beirren die zur Schau getragenen Theorien unserer doktrinären Sozialisten, welche mit dem gegenwärtigen Bestande unserer Gesellschaft unmögliche Verträge schließen wollen; sie täuscht der unmittelbare Ausdruck der Entrüstung des leidendsten Theiles unserer Gesellschaft, welcher in Wahrheit aber ein tieferer, edlerer Naturdrang zu Grunde liegt, der Drang nach würdigem Genusse des Lebens, dessen materiellen Unterhalt der Mensch sich nicht mit dem Aufwande aller seiner Lebenskräfte mühselig mehr verdienen, sondern dessen er sich als Mensch erfreuen will: es ist somit, genau betrachtet, der Drang aus dem Handwerkerthume heraus zum künstlerischen Menschenthum, zur freien Menschenwürde.

Gerade an der Kunst ist es nun aber, diesem sozialen Drange seine edelste Bedeutung erkennen zu lassen, seine wahre Richtung ihm zu zeigen. Aus ihrem Zustande civilisirter Barbarei kann die wahre Kunst sich nur auf den Schultern unserer großen sozialen Bewegung zu ihrer Würde erheben: sie hat mit ihr ein gemeinschaftliches Ziel, und beide können es nur erreichen, wenn sie es gemeinschaftlich erkennen. Dieses Ziel ist *der starke und schöne Mensch*: die *Revolution* gebe ihm die *Stärke, die Kunst die Schönheit!*

Den Gang der sozialen Entwickelung, wie er die Geschichte durchschreiten wird, hier näher zu bezeichnen, kann weder unsere Aufgabe sein, noch dürfte überhaupt in diesem Bezuge ein doktrinärer Kalkül dem von aller Voraussetzung unabhängigen geschichtlichen Gebahren der gesellschaftlichen Natur des Menschen etwas vorzeichnen können. Nichts wird gemacht in der Geschichte, sondern Alles macht sich selbst nach seiner inneren Nothwendigkeit. Unmöglich kann aber der Zustand, in welchem dereinst die Bewegung als bei ihrem Ziele angekommen sein wird, ein anderer als ein dem gegenwärtigen geradezu entgegengesetzter sein, sonst wäre die ganze Geschichte ein kreisförmiges, unruhiges Durcheinander, keinesweges aber die nothwendige Bewegung eines Stromes, welcher bei allen Biegungen, Abweichungen und Überschwemmungen, dennoch immer in der Hauptrichtung sich ergießt.

In diesem künftigen Zustande nun dürfen wir die Menschen erkennen, wie sie sich von einem letzten Aberglauben, d.i. Verkennen der Natur, befreit haben, eben jenem Aberglauben, durch welchen der Mensch sich bisher nur als das Werkzeug zu einem Zwecke erblickte, der außer ihm selbst lag. Weiß der Mensch sich endlich selbst einzig und allein als Zweck seines Daseins, und begreift er, daß er diesen Selbstzweck am vollkommensten nur in der Gemeinschaft mit allen Menschen erreicht, so wird sein gesellschaftliches Glaubensbekenntniß nur in einer positiven Bestätigung jener Lehre Jesus' bestehen können, in welcher er ermahnte: »*Sorget* nicht, was werden wir essen, was werden wir trinken, noch auch, womit werden wir uns kleiden, denn dieses hat euch euer himmlischer Vater Alles von selbst gegeben!« Dieser himmlische Vater wird dann kein anderer sein, als die soziale Vernunft der Menschheit, welche die Natur und ihre Fülle sich zum Wohle Aller zu eigen macht. Eben daß die rein physische Erhaltung des Lebens bisher der Gegenstand der *Sorge*, und zwar der wirklichen, meist alle Geistesthätigkeit lähmenden, Leib und Seele verzehrenden *Sorge* sein mußte, darin lag das Laster und der Fluch unserer geselligen Einrichtungen! Diese *Sorge* hat den Menschen schwach, knechtisch, stumpf und elend gemacht, zu einem Geschöpfe, das nicht lieben und nicht hassen kann, zu einem Bürger, der jeden Augenblick den letzten Rest seines freien Willens hingab, wenn nur diese *Sorge* ihm erleichtert werden konnte.

Hat die brüderliche Menschheit ein-für allemal diese Sorge von sich abgeworfen, und sie – wie der Grieche dem Sklaven – der Maschine zugewiesen, diesem künstlichen Sklaven des freien, schöpferischen Menschen, dem er bis jetzt diente wie der Fetischanbeter dem von seinen eigenen Händen verfertigten Götzen, so wird all' sein befreiter Thätigkeitstrieb sich nur noch als *künstlerischer* Trieb kundgeben. In weit erhöhtem Maaße werden wir so das griechische Lebenselement wiedergewinnen: was dem Griechen der Erfolg natürlicher Entwickelung war, wird uns das Ergebniß geschichtlichen Ringens sein; was ihm ein halb unbewußtes Geschenk war, wird uns als ein erkämpftes Wissen verbleiben, denn was die Menschheit in ihrer großen Gesammtheit wirklich *weiß*, das kann ihr nicht mehr entschwinden.

Nur *starke* Menschen kennen die *Liebe*, nur die Liebe erfaßt die *Schönheit*, nur die Schönheit bildet die *Kunst*. Die Liebe der Schwachen unter sich kann sich nur als Kitzel der Wollust äußern; die Liebe des Schwachen zum Starken ist Demuth und Furcht; die Liebe des Starken zum Schwachen ist Mitleid und Nachsicht: nur die Liebe des Starken zum Starken ist Liebe, denn sie ist freie Hingebung an Den, der uns nicht zu zwingen vermag. In jedem Himmelsstriche, bei jedem Stamme, werden die Menschen durch die wirkliche Freiheit zu gleicher Stärke, durch die Stärke zur wahren Liebe, durch die wahre Liebe zur Schönheit gelangen können: die Thätigkeit der Schönheit aber ist die Kunst.

Was uns als der Zweck des Lebens erscheint, dafür erziehen wir uns und unsere Kinder. Zu Krieg und Jagd ward der Germane, zu Enthaltsamkeit und Demuth der aufrichtige Christ, zu industriellem Erwerb, selbst durch Kunst und Wissenschaft, wird der moderne Staatsunterthan erzogen. Ist unserem zukünftigen freien Menschen der Gewinn des Lebensunterhaltes nicht mehr der Zweck des Lebens, sondern ist durch einen thätig gewordenen neuen Glauben, oder besser: Wissen, der Gewinn des Lebensunterhaltes gegen eine ihm entsprechende natürliche Thätigkeit uns außer allem Zweifel gesetzt, kurz – ist die Industrie nicht mehr unsere Herrin, sondern unsere Dienerin, so werden wir den Zweck des Lebens in die Freude am Leben setzen, und zu dem wirklichsten Genusse dieser Freude unsere Kinder durch Erziehung fähig und tüchtig zu machen streben. Die Erziehung, von der Übung der Kraft, von der Pflege der körperlichen Schönheit ausgehend, wird schon aus ungestörter Liebe zu dem Kinde, und aus Freude am Gedeihen seiner Schönheit, eine rein künstlerische werden, und jeder Mensch wird in irgend einem Bezuge in Wahrheit

Künstler sein. Die Verschiedenartigkeit der natürlichen Neigungen wird die mannigfachsten Künste, und in ihnen die mannigfachsten Richtungen, zu einem ungeahnten Reichthume ausbilden; und wie das Wissen aller Menschen endlich in dem einen thätigen Wissen des freien, einigen Menschenthumes seinen religiösen Ausdruck finden wird, so werden alle diese reich entwickelten Künste ihren verständnißreichsten Vereinigungspunkt im Drama, in der herrlichen Menschentragödie finden. Die Tragödien werden die Feste der Menschheit sein: in ihnen wird, losgelöst von jeder Konvention und Etiquette, der freie, starke und schöne Mensch die Wonnen und Schmerzen seiner Liebe feiern, würdig und erhaben das große Liebesopfer seines Todes vollziehen.

Diese Kunst wird wieder *konservativ* sein; aber in Wahrheit und ihrer wirklichen Dauer- und Blüthekraft wegen wird sie sich von selbst erhalten, nicht eines außer ihr liegenden Zweckes wegen bloß nach Erhaltung schreien, denn sehet: *diese* Kunst geht nicht nach *Gelde!*

»Utopien! Utopien!« höre ich sie rufen die großen Weisen und Überzuckerer unserer modernen Staats- und Kunstbarbarei, die sogenannten praktischen Menschen, die in der Handhabung ihrer Praktik sich täglich nur durch Lügen und Gewaltstreiche, oder – wenn sie nämlich ehrlich sind – höchstens durch Unwissenheit helfen können.

»Schönes Ideal, das, wie jedes Ideal, uns nur vorschweben, von dem zur Unvollkommenheit verdammten Menschen leider aber nicht erreicht werden soll.« So seufzt der gutmüthige Schwärmer für das Himmelreich, in welchem, wenigstens für seine Person, Gott den unbegreiflichen Fehler dieser Erd- und Menschenschöpfung wieder gut machen wird.

Sie leben, leiden, lügen und lästern thatsächlich in dem widerlichsten Zustande, dem schmuzigen Bodensatze eines in Wahrheit eingebildeten und deßhalb unverwirklichten Utopiens, mühen und überbieten sich in jeder Kunst der Heuchelei für die Aufrechthaltung der Lüge dieses Utopiens, aus welchem sie täglich als verstümmelte Krüppel gemeinster und frivolster Leidenschaft auf den platten, nackten Boden der nüchternsten Wahrheit jämmerlich herabfallen, und halten oder verschreien die einzig natürliche Erlösung aus ihrer Verzauberung für Chimäre, für ein Utopien, gerade wie die Leidenden im Narrenhause ihre verrückten Einbildungen für Wahrheit, die Wahrheit aber für Verrücktheit halten.

Kennt die Geschichte ein wirkliches Utopien, ein in Wahrheit unerreichbares Ideal, so war es das Christenthum; denn sie hat klar und deutlich gezeigt, und zeigt es noch jeden Tag, daß seine Prinzipien sich *nicht* ver-wirklichen ließen. Wie konnten diese Prinzipien auch wirklich lebendig werden, in das wahrhafte Leben übergehen, da sie gegen das Leben gerich-tet waren, das Lebendige verläugneten und verdammten? Das Christen-thum ist rein geistigen, übergeistigen Gehaltes; es predigt Demuth, Entsa-gung, Verachtung alles Irdischen, und in dieser Verachtung – Bruderliebe: wie stellt sich die Erfüllung heraus in der modernen Welt, die sich ja doch eine christliche nennt und die christliche Religion als ihre unantastbare Basis festhält? Als Hochmuth der Heuchelei, Wucher, Raub an den Gütern der Natur und egoistische Verachtung der leidenden Nebenmenschen. Woher nun dieser krasse Gegensatz in der Ausführung gegen die Idee? Eben weil die Idee krank, der momentanen Erschlaffung und Schwächung der menschlichen Natur entkeimt war, und gegen die wahre, gesunde Natur des Menschen sich versündigte. Wie stark diese Natur aber ist, wie unversiegbar ihre immer neu gebärende Fülle, das hat sie gerade unter dem allgemeinen Drucke jener Idee bewiesen, die, wenn ihre innerste Konsequenz sich erfüllt hätte, den Menschen eigentlich gänzlich von der Erde vertilgt haben müßte, da ja auch die Enthaltung von der Geschlechts-liebe in ihr als höchste Tugend begriffen war. Ihr seht nun aber, daß trotz jener allmächtigen Kirche der Mensch in solcher Fülle vorhanden ist, daß eure christlich-ökonomische Staatsweisheit gar nicht einmal weiß, was sie mit dieser Fülle anfangen soll, daß ihr euch nach sozialen Mordmitteln um sehet zu ihrer Vertilgung, ja daß ihr wirklich froh wäret, wenn der Mensch vom Christenthume umgebracht worden wäre, damit der einzige abstrakte Gott eures lieben Ich's allein nur noch auf dieser Welt Raum gewinnen dürfte.

Das sind die Menschen, die über »Utopien« schreien, wenn der gesunde Menschenverstand ihren wahnsinnigen Experimenten gegenüber an die wirklich und einzig sichtbar und greiflich vorhandene Natur appellirt, wenn er von der göttlichen Vernunft des Menschen nichts weiter verlangt, als daß sie uns den Instinkt des Thieres in der sorgenlosen, wenn auch nicht bemühungslosen, Auffindung der Mittel seines Lebensunterhaltes ersetzen soll! Und wahrlich, kein höheres Resultat verlangen wir von ihr für die menschliche Gesellschaft, um auf dieser einen Grundlage das herrlichste, reichste Gebäude der wirklichen schönen Kunst der Zukunft aufzubauen!

Der wirkliche Künstler, der schon jetzt den rechten Standpunkt erfaßt hat, vermag, da dieser Standpunkt doch ewig wirklich vorhanden ist, schon jetzt daher an dem Kunstwerke der Zukunft zu arbeiten. Jede der Schwesterkünste hat auch in Wahrheit von je her, und so auch jetzt, in zahlreichen Schöpfungen ihr hohes Bewußtsein von sich kundgegeben. Wodurch aber litten von je her, und vor Allem in unserem heutigen Zustande, die begeisterten Schöpfer jener edlen Werke? War es nicht durch ihre Berührung mit der Außenwelt, also mit der Welt, der ihre Werke angehören sollten? Was hat wohl den Architekten empört, wenn er seine Schöpferkraft auf Bestellung an Kasernen und Miethwohnhäusern zersplittern mußte? Was kränkte den Maler, wenn er die widerliche Fratze eines Millionärs porträtiren, was den Musiker, wenn er Tafelmusiken komponiren, was den Dichter, wenn er Leihbibliothekromane schreiben mußte? Was war dann sein Leiden? Daß er seine Schöpfungskraft an den Erwerb vergeuden, seine Kunst zum Handwerk machen mußte! – Was aber hat endlich der Dramatiker zu leiden, wenn er alle Künste zum höchsten Kunstwerk, zum Drama vereinigen will? Alle Leiden der übrigen Künstler zusammen!

Was er schafft, wird zum Kunstwerke wirklich erst dadurch, daß es vor der Öffentlichkeit in das Leben tritt, und ein dramatisches Kunstwerk tritt nur durch das Theater in das Leben. Was sind aber heut' zu Tage diese, über die Hülfe aller Künste verfügenden Theaterinstitute? Industrielle Unternehmungen, und zwar selbst da, wo Staaten oder Fürsten sie besonders dotiren: ihre Leitung wird meistens denselben Männern übertragen, die gestern eine Spekulation in Getreide dirigirten, morgen einer Unternehmung in Zucker ihre wohlerlernten Kenntnisse widmen, falls sie nicht ihre Kenntnisse in den Mysterien des Kammerherrndienstes oder ähnlichen Funktionen für das Erfassen der theatralischen Würde ausgebildet haben. So lange man in einem Theaterinstitute, dem herrschenden Charakter der Öffentlichkeit nach, und bei der dem Theaterdirektor auferlegten Nothwendigkeit, mit dem Publikum eben nur als geschickter kaufmännischer Spekulant zu verkehren, nichts anderes als ein Mittel für den Geldumlauf zur Produktion von Zinsen für das Kapital erblickt, ist es natürlich auch ganz folgerichtig, daß man nur einem in solchem Bezug Geschäftskundigen seine Leitung, d.h. Ausbeutung, übergiebt; denn eine wirklich künstlerische Leitung, also eine solche, die dem ursprünglichen Zwecke des Theaters entspräche, würde allerdings sehr übel im Stande sein, den modernen Zweck desselben zu verfolgen. – Eben deßhalb muß es aber jedem Einsichtsvollen deutlich werden, daß, soll das Theater irgendwie seiner natürlichen edlen Bestimmung zugewendet werden, es von der Nothwendigkeit industrieller Spekulation durchaus zu befreien ist.

Wie wäre dieß möglich? Dieses einzige Institut sollte einer Dienstbarkeit entzogen werden, welcher heut' zu Tage alle Menschen und jede gesellschaftliche Unternehmung der Menschen unterworfen sind? Ja, gerade das Theater soll in dieser Befreiung allem Übrigen vorangehen; denn das Theater ist die umfassendste, die einflußreichste Kunstanstalt, und ehe der Mensch seine edelste Thätigkeit, die künstlerische, nicht frei ausüben kann, wie sollte er da hoffen nach niedereren Richtungen hin frei und selbständig zu werden? Beginnen wir, nachdem schon der Staatsdienst, der Armeedienst, wenigstens kein industrielles Gewerbe mehr ist, mit der Befreiung der öffentlichen Kunst, weil, wie ich oben andeutete, gerade ihr eine unsäglich hohe Aufgabe, eine ungemein wichtige Thätigkeit bei unserer sozialen Bewegung zuzutheilen ist. Mehr und besser als eine gealterte, durch den Geist der Öffentlichkeit verläugnete Religion, wirkungsvoller und ergreifender als eine unfähige, lange an sich irre gewordene Staatsweisheit, vermag die ewig jugendliche Kunst, die sich immer aus sich und dem edelsten Geiste der Zeit zu erfrischen vermag, dem leicht an wilde Klippen und in seichte Flächen abweichenden Strome leidenschaftlicher sozialer Bewegungen ein schönes und hohes Ziel zuzuweisen, das Ziel edler Menschlichkeit.

Liegt euch Freunden der Kunst wirklich daran, die Kunst vor den drohenden Stürmen erhalten zu wissen, so begreift, daß sie nicht nur erhalten, sondern wirklich erst zu ihrem eigenthümlichen wahren, vollen Leben gelangen soll!

Ist es euch *redlichen* Staatsmännern wahrhaft darum zu thun, dem von euch geahnten Umsturze der Gesellschaft, dem ihr vielleicht deßhalb nur widerstrebt, weil ihr bei erschüttertem Glauben an die Reinheit der menschlichen Natur nicht zu begreifen vermögt, wie dieser Umsturz einen fehlerhaften Zustand nicht in einen noch viel schlimmeren verwandeln sollte, – ist es euch, sage ich, darum zu thun, dieser Umwandlung ein lebenskräftiges Unterpfand künftiger schönster Gesittung einzuimpfen, so helft uns nach allen Kräften, die Kunst sich und ihrem edlen Berufe selbst wiederzugeben!

Ihr leidenden Mitbrüder jedes Theiles der menschlichen Gesellschaft, die ihr in heißem Grollen darüber brütet, wie ihr aus Sklaven des Geldes zu freien Menschen werden möchtet, begreift unsere Aufgabe, und helft uns die Kunst zu ihrer Würde zu erheben, damit wir euch zeigen können, wie ihr das Handwerk zur Kunst, den Knecht der Industrie zum schönen selbstbewußten Menschen erhebet, der der Natur, der Sonne und den Sternen, dem Tode und der Ewigkeit mit verständnißvollem Lächeln zuruft: *auch ihr seid mein, und ich bin euer Herr!*

Die ich euch anrief, wäret ihr einverstanden und einig mit uns, wie leicht wäre es eurem Willen, die einfachen Maßregeln in das Werk zu setzen, die das unausbleibliche Gedeihen jener wichtigsten aller Kunstanstalten, des Theaters, zur Folge haben müßten. Am Staat und an der Gemeinde wäre es, zunächst ihre Mittel gegen den Zweck abzuwägen, um das Theater in den Stand zu setzen, nur seiner höheren, wahrhaften Bestimmung nachgehen zu können. Dieser Zweck wird erreicht, wenn die Theater gerade so weit unterstützt werden, daß ihre Verwaltung nur noch eine rein künstlerische sein darf, und niemand besser wird diese zu führen im Stande sein, als alle die Künstler selbst, welche sich zum Kunstwerke vereinigen und durch eine zweckmäßige Verfassung ihre gegenseitige gedeihliche Wirksamkeit sich gewährleisten: die vollständigste Freiheit kann sie einzig zu dem Streben verbinden, der Absicht zu entsprechen, um deren Willen sie von der Nothwendigkeit industrieller Spekulation befreit sind; und diese Absicht ist die Kunst, die nur der Freie begreift, nicht der Sklave des Erwerbes.

Der Richter ihrer Leistungen wird die freie Öffentlichkeit sein. Um aber auch diese der Kunst gegenüber völlig frei und unabhängig zu machen, müßte in dem betretenen Wege noch ein Schritt weiter gegangen werden: das Publikum müßte *unentgeltlichen Zutritt* zu den Vorstellungen des Theaters haben. So lange das Geld zu allen Lebensbedürfnissen nöthig ist, so lange ohne Geld dem Menschen nur die Luft und kaum das Wasser verbleibt, könnte die zu treffende Maßregel nur bezwecken, die wirklichen Theateraufführungen, zu denen sich das Publikum versammelt, nicht als *Leistungen gegen Bezahlung* erscheinen zu lassen, – eine Ansicht von ihnen, die bekanntlich zum allerschmachvollsten Verkennen des Charakters von Kunstvorstellungen führt: – die Sache des Staates, oder mehr noch der betreffenden Gemeinde, müßte es aber sein, aus gesammelten Kräften die Künstler für ihre Leistungen im Ganzen, nicht im Einzelnen zu entschädigen.

Wo die Kräfte hierzu nicht hinreichen, würde es für jetzt und für immer besser sein, ein Theater, welches nur als industrielle Unternehmung seinen Fortbestand finden könnte, gänzlich eingehen zu lassen, mindestens auf ebenso lange, als das Bedürfniß in der Gemeinde sich nicht kräftig genug erweist, um seiner Befriedigung das nöthige gemeinsame Opfer zu bringen.

Ist dann die menschliche Gesellschaft dereinst so menschlich schön und edel entwickelt, wie wir es allerdings durch die Wirksamkeit unserer Kunst allein nicht erreichen werden, wie wir es aber im Verein mit den unausbleiblich bevorstehenden großen sozialen Revolutionen hoffen dürfen und erstreben müssen, so werden die theatralischen Vorstellungen auch die ersten gemeinsamen Unternehmungen sein, bei denen der Begriff von Geld und Erwerb gänzlich schwindet; denn, gedeiht die Erziehung unter den obigen Voraussetzungen immer mehr zu einer künstlerischen, so werden wir einst so weit alle selbst Künstler sein, daß wir gerade als Künstler zuerst nur um der Sache, der Kunstangelegenheit selbst, nicht um eines nebenbei liegenden gewerblichen Zweckes willen, zu einer ge-meinsamen freien Wirksamkeit uns vereinigen können.

Die Kunst- und ihre Institute, deren zu wünschende Organisation hier eben nur sehr flüchtig angedeutet werden dürfte, können somit die Vor-läufer und Muster aller künftigen Gemeindinstitutionen werden: der Geist, der eine künstlerische Körperschaft zur Erreichung ihres wahren Zweckes verbindet, würde sich in jeder anderen gesellschaftlichen Verei-nigung wiedergewinnen lassen, die sich einen bestimmten menschenwür-digen Zweck stellt; denn eben all' unser zukünftiges gesellschaftliches Gebahren soll und kann, wenn wir das Richtige erreichen, nur rein künstlerischer Natur noch sein, wie es allein den edlen Fähigkeiten des Menschen angemessen ist.

So würde uns denn *Jesus* gezeigt haben, daß wir Menschen alle gleich und Brüder sind; *Apollon* aber würde diesem großen Bruderbunde das Siegel der Stärke und Schönheit aufgedrückt, er würde den Menschen vom Zweifel an seinem Werthe zum Bewußtsein seiner höchsten göttlichen Macht geführt haben. So laßt uns denn den Altar der Zukunft, im Leben wie in der lebendigen Kunst, den zwei erhabensten Lehrern der Menschheit errichten: – *Jesus, der für die Menschheit litt, und Apollon, der sie zu ihrer freuden vollen Würde erhob!*

Aus der Revolutionszeit

Die Revolution

(1849)

Sehen wir hinaus über die Länder und Völker, so erkennen wir überall durch ganz Europa das Gähren einer gewaltigen Bewegung, deren erste Schwingungen uns bereits erfaßt haben, deren volle Wucht bald über uns hereinzubrechen droht. Wie ein ungeheurer Vulkan erscheint uns Europa, aus dessen Innerem ein beständig wachsendes, beängstigendes Gebrause ertönt, aus dessen Krater dunkle, gewitterschwangere Rauchsäulen hoch zum Himmel emporsteigen und, Alles rings mit Nacht bedeckend, sich über die Erde lagern, während bereits einzelne Lavaströme, die harte Kruste durchbrechend, als feurige Vorboten Alles zerstörend sich in's Thal hinabwälzen.

Eine übernatürliche Kraft scheint unsern Welttheil erfassen, aus dem alten Geleise herausheben und in eine neue Bahn schleudern zu wollen.

Ja, wir erkennen es, die alte Welt, sie geht in Trümmer, eine *neue* wird aus ihr entstehen, denn die erhabene Göttin **Revolution**, sie kommt daher gebraust auf den Flügeln der Stürme, das hehre Haupt von Blitzen um-strahlt, das Schwert in der Rechten, die Fackel in der Linken, das Auge so finster, so strafend, so kalt, und doch, welche Gluth der reinsten Liebe, welche Fülle des Glückes strahlt Dem daraus entgegen, der es wagt, mit festem Blicke hineinzuschauen in dieß dunkle Auge! Sie kommt daher gebraust, die ewig verjüngende Mutter der Menschheit, vernichtend und beseligend fährt sie dahin über die Erde, und vor ihr her saust der Sturm und rüttelt so gewaltig an allem von Menschen Gefügten, daß mächtige Wolken des Staubes verfinsternd die Lüfte erfüllen, und wohin ihr mächtiger Fuß tritt, da stürzt in Trümmer das in einem Wahne für Jahr-tausende Erbaute, und der Saum ihres Gewandes streift die letzten Über-reste hinweg! Doch hinter ihr, da eröffnet sich uns, von lieblichen Son-nenstrahlen erhellt, ein nie geahntes Paradies des Glückes, und wo ihr Fuß vernichtend geweilt, da entsprossen duftende Blumen dem Boden, und frohlockende Jubelgesänge der befreiten Menschheit erfüllen die noch vom Kampfgetöse erregten Lüfte!

Nun blickt hier unten um Euch her. Da seht Ihr den Einen, den mächtigsten Fürsten, wie er mit ängstlich klopfendem Herzen, mit stockendem Athem dennoch eine ruhige, kalte Miene zu erheucheln und sich selbst und Andern wegzuleugnen sucht, was er doch klar erkennt als unabwendbar. Da seht Ihr den Anderen, mit dem von allen Lastern durchfurchten ledernen Antlitz, wie er mit emsiger Thätigkeit all seine kleinen Gaunerkünste, die ihm so manches Titelchen, so manches Ordenskreuzlein eingebracht, auskramt und spielen läßt, wie er mit diplomatischlächelnder, geheimnißvoller Miene den ängstlich zum Riechfläschchen greifenden Dämchen und den zähneklappernden Junkerchen Beruhigung einzuflößen sucht durch die halboffizielle Mittheilung: daß höchstgestellte Personen dieser fremdartigen Erscheinung bereits ihre Aufmerksamkeit zu widmen geruhten, daß Kuriere mit Kabinettsbefehlen nach verschiedenen Seiten abgegangen, daß selbst das Gutachten des weisen Regierungskünstlers Metternich von London unterwegs sei, daß die betreffenden Behörden rings umher Instruktionen erhalten haben und somit der hochgeborenen Gesellschaft die interessante Überraschung vorbereitet wird, beim nächsten Hofballe diese gefürchtete Landstreicherin Revolution – natürlich in eisernem Käfig mit Ketten beladen – in genauen Augenschein nehmen zu können. – Dort seht Ihr den Dritten, wie er speculirend das Nahen der Erscheinung beobachtet, auf die Börse läuft, bemißt und berechnet das Steigen und Fallen der Papierchen, und schachert und feilscht, und immer noch ein Prozentchen zu erhalten strebt, bis mit einem Male sein ganzer Plunder in die Lüfte zerstäubt. Da seht Ihr hinter dem verstaubten Aktentische eines der eingetrockneten, verrosteten Räder unserer jetzigen Staatsmaschine kauern, wie es seine alte, abgestumpfte Feder über das Papier kratzen läßt und fort und fort den alten Haufen der papierenen Weltordnung zu vermehren strebt. Wie getrocknete Pflanzen liegen zwischen diesen Stößen von Dokumenten und Verträgen die Herzen der lebendigen Menschheit und verdorren zu Staub in diesen modernen Folterkammern. Dort herrscht gewaltige Emsigkeit, denn das über die Länder gesponnene Netz ist an manchen Stellen zerrissen, und die überraschten Kreuzspinnen, sie drehen und weben neue Fäden durcheinander, um das Gelockerte wieder zu festigen. Dort dringt kein Strahl des Lichtes hinein, dort herrscht ewige Nacht und Finsterniß, und in Nacht und Finsterniß wird das Ganze spurlos versinken.

Von jener Seite aber, da klingt helle kriegerische Musik, es blitzen Schwerter und Bajonette, schwere Kanonen rasseln herbei, und dicht gedrängt wälzen sich die langen Reihen der Heere heran. Die tapfere Heldenschaar, sie ist ausgezogen, den Strauß zu bestehen mit der Revolution.

Der Feldherr läßt marschiren rechts und links und stellt dahin die Jäger, dorthin die Reiterei, und vertheilt nach weisem Plane die langen Heeressäulen und die zerschmetternde Artillerie; und die Revolution, das Haupt hoch in den Wolken, kommt herangeschritten, – und sie sehen sie nicht und warten auf den Feind; und sie steht schon in ihrer Mitte, – und sie sehen sie nicht, und warten auf den Feind; und sie hat sie erfaßt mit ihrem gewaltigen Sturmwirbel und aufgelöst die Reihen und zerstäubt die künstlich erstohlene Kraft, – und der Feldherr, er sitzt da, auf die Landkarte schauend und berechnend, von welcher Seite der Feind wohl zu erwarten und wie stark er sei, und wenn er kommen werde! – Dort aber seht Ihr ein ängstlich bekümmertes Gesicht: ein ehrlicher, fleißiger Bürger ist's. Er hat gestrebt und gewirkt sein Lebenlang, er hat redlich gesorgt für das Wohl Aller, soweit seine Kraft reichte; keine Thräne, kein Unrecht haftet an dem Scherflein, welches seine nützliche Thätigkeit erworben, ihm zum Unterhalt im schwachen Alter, den *Seinen* zum Eintritt in das freudlose Leben. Wohl fühlt er das Nahen des Sturmes, wohl erkennt er, daß keine Kraft ihm zu wehren vermag, doch jammert sein Herz, blickt er zurück auf sein kummervolles Dasein, dessen einzige Frucht nun der Vernichtung geweiht ist. Nicht verdammen dürfen wir ihn, klammert er sich ängstlich an seinen Schatz, sträubt er im blinden Eifer sich mit allen Kräften erfolglos gegen das Hereinbrechende. Du Unglücklicher! erhebe das Auge, blicke auf dorthin, wo auf den Hügeln Tausende und Tausende versammelt, voll freudiger Spannung der neuen Sonne entgegenharren! Betrachte sie, es sind Deine Brüder, Deine Schwestern, es sind die Schaaren jener Armen, jener Elenden, die bisher vom Leben nichts gekannt als das *Leiden*, die Fremdlinge waren auf dieser Erde der Freude; sie Alle erwarten die Revolution, die Dich ängstigt, als ihre Erlöserin aus dieser Welt des Jammers, als die Schöpferin einer neuen, für *Alle* beglückenden Welt! Sieh' hin, dort strömen Schaaren heraus aus den Fabriken; sie haben geschafft und erzeugt die herrlichsten Stoffe – sie selbst und ihre Kinder sind nackt, sie frieren und hungern, denn nicht *ihnen* gehört die Frucht ihrer Arbeit, dem, Reichen und Mächtigen gehört sie, der die Menschen und die Erde sein *eigen* nennt. Sieh, dort ziehen sie heran, von den Dörfern und Gehöften; sie haben die Erde bebaut und zum freundlichen Garten umgeschaffen, und Fülle der Früchte, genügend für Alle, die da leben, lohnte ihr Mühen, – doch sie sind arm und nackt und hungern, denn nicht ihnen und den Anderen, die da bedürftig sind, gehört der Segen der Erde; allein dem Reichen und Mächtigen gehört er, der die Menschen und die Erde sein eigen nennt. Sie Alle, die Hunderttausende, die Millionen, sie lagern auf den Höhen und blicken hinaus in die Ferne, wo die wachsende Wolke das Nahen der befreienden Revolution verkündet, und sie Alle, denen nichts zu bedauern bleibt, denen man selbst die Söhne raubt, um sie zu tapfern Kerkermeistern ihrer Väter zu erziehen, deren Töchter mit Schande beladen die Straßen der Städte durchwandeln, ein Opfer der niedrigen Lüfte des Reichen und Mächtigen, sie Alle mit den bleichen, gramdurchfurchten Gesichtern, den von Hunger und Frost verzehrten Gliedern, sie Alle, die *nie* die Freude kannten, sie lagern dort auf den Höhen, und bebend vor wonnevoller Erwartung schauen sie mit angestrengtem Blicke der nahenden Erscheinung entgegen, und lauschen in lautloser Entzückung dem Brausen des anschwellenden Sturmes, der ihrem Ohre entgegenträgt den Gruß der Revolution:

»Ich bin das ewig verjüngende, das ewig schaffende Leben! wo ich nicht bin, da ist der Tod! Ich bin der Traum, der Trost, die Hoffnung des Leidenden! Ich vernichte, was besteht, und wohin ich wandle, da entquillt neues Leben dem toten Gestein. Ich komme zu euch, um zu zerbrechen alle Ketten, die euch bedrücken, um euch zu erlösen aus der Umarmung des Todes und ein junges Leben durch eure Glieder zu ergießen. Alles, was besteht, muß untergehen, das ist das ewige Gesetz der Natur, das ist die Bedingung des Lebens, und ich, die ewig Zerstörende, vollführe das Gesetz und schaffe das ewig junge Leben. Ich will zerstören von Grund aus die Ordnung der Dinge, in der Ihr lebt, denn sie ist entsprossen der Sünde, ihre Blüthe ist das Elend und ihre Frucht das Verbrechen; die Saat aber ist gereift, und der Schnitter bin ich. Ich will zerstören jeden Wahn, der Gewalt hat über den Menschen. Ich will zerstören die Herrschaft des Einen über die Andern, der Toten über die Lebendigen, des Stoffes über den Geist; ich will zerbrechen die Gewalt der Mächtigen, des Gesetzes und des Eigenthums. Der *eigne* Wille sei der Herr des Menschen, die *eigne Lust* sein einzig Gesetz, die *eigne* Kraft sein ganzes Eigenthum, *denn das Heilige ist allein der* **freie Mensch**, *und nichts Höheres ist denn* **Er.** Vernichtet sei der Wahn, der Einem Gewalt giebt über Millionen, der Millionen unterthan macht dem Willen eines Einzigen, der Wahn, der da lehrt: der Eine habe die Kraft, die Andern alle zu beglücken. Das Gleiche darf nicht herrschen über das Gleiche, das Gleiche hat nicht höhere Kraft denn das Gleiche, *und da ihr Alle gleich, so will ich zerstören jegliche Herrschaft des Einen über den Andern.*

Vernichtet sei der Wahn, der dem Tode Gewalt giebt über das Leben, der Vergangenheit über die Zukunft. Das Gesetz der Toten, das ist ihr *eigen* Gesetz, es theilt ihr Loos und stirbt mit ihnen, es darf nicht herrschen über das Leben. *Das Leben ist sich selbst sein Gesetz.* Und weil das Gesetz für die Lebendigen ist und nicht für die Toten, und weil *Ihr* lebendig seid und Keiner ist, der über Euch wäre, so *seid Ihr selbst das Gesetz, so ist Euer eigner freier Wille das einzige höchste Gesetz, und ich will zerstören die Herrschaft des Todes über das Leben.*

Vernichtet sei der Wahn, der den Menschen unterthan macht seinem eignen Werke, dem Eigenthume. Das höchste Gut des Menschen ist seine schaffende Kraft, das ist der Quell, dem ewig alles Glück entspringt, und nicht im *Erzeugten, im Erzeugen selbst*, im *Bethätigen eurer Kraft* liegt Euer wahrer höchster Genuß. Des Menschen Werk, es ist leblos, das Lebendige darf sich nicht dem Leblosen verbinden, darf sich nicht ihm unterthan machen. Darum sei vernichtet der Wahn, der den Genuß beschränkt, die freie Kraft hemmt, der das Eigenthum schafft außer dem Menschen und ihn zum Knecht macht seines eigenen Werkes.

Blickt hin, Ihr Unglücklichen, auf jene gesegneten Fluren, die Ihr jetzt als Knechte, als Fremdlinge durchstreift. *Frei* sollt Ihr auf ihnen wandeln, frei vom Joche der Lebendigen, frei von den Fesseln der Todten. Was die Natur geschaffen, die Menschen bebaut und zu fruchttragenden Gärten umgewandelt, es gehört den *Menschen, den Bedürftigen*, und Keiner darf kommen und sagen: ›*Mir* allein gehört dieß Alles, und ihr Andern alle seid nur Gäste, die ich dulde, so lange es mir gefällt und sie mir zinsen, und die ich verjage, sobald mich die Lust treibt. *Mir* gehört, was die Natur geschaffen, der Mensch gewirkt und der Lebendige bedarf!‹ Vernichtet sei diese Lüge, nur dem *Bedürfnisse allein gehört, was es befriedigt*, und im Überfluß bietet solches die Natur und Eure eigene Kraft. Seht dort die Häuser in den Städten und Alles, was den Menschen vergnügt und erfreut, woran Ihr als Fremdlinge vorüberwandeln müßt; des Menschen Geist und Kraft hat es geschaffen, und darum gehört es den *Menschen*, den *Lebendigen*, und nicht *Einer* darf da kommen und sagen: ›*Mir* gehört Alles, was die Menschen geschaffen mit ihrem Fleiße. Ich allein habe ein Recht daran, und die Andern genießen nur, soweit es mir beliebt und sie mir zinsen!‹ Zerstört sei diese Lüge mit den andern: denn was der Menschheit Kraft geschaffen, das gehört der Menschheit zum freien unbeschränkten Genusse, wie alles Andere auch, was da ist auf Erden.

Zerstören will ich die bestehende Ordnung der Dinge, welche die einige Menschheit in feindliche Völker, in Mächtige und Schwache, in Berechtigte und Rechtlose, in Reiche und Arme theilt, denn sie macht aus allen nur *Unglückliche*. Zerstören will ich die Ordnung der Dinge, die Millionen zu Sclaven von Wenigen und diese Wenigen zu Sclaven ihrer eignen Macht, ihres eignen Reichthums macht. Zerstören will ich diese Ordnung der Dinge, die den Genuß trennt von der Arbeit, die aus der Arbeit eine Last, aus dem Genusse ein Laster macht, die *einen* Menschen elend macht durch den Mangel und den *andern* durch den Überfluß. Zerstören will ich diese Ordnung der Dinge, welche die Kräfte der Menschen verzehrt im Dienste der Herrschaft des Todten, des leblosen Stoffes, welches die Hälfte der Menschen in Thatlosigkeit oder nutzloser Thätigkeit erhält, die Hunderttausende zwingt, ihre kräftige Jugend im geschäftigem Müßiggange als Soldaten, Beamte, Spekulanten und Geldfabrikanten der Erhaltung dieser verworfenen Zustände zu weihen, während die andere Hälfte durch übermäßige Anstrengung ihrer Kräfte und Aufopferung jedes Lebensgenusses das ganze Schandgebäude erhalten muß. Zerstören bis auf die Erinnerung daran will ich jede Spur dieser wahnwitzigen Ordnung der Dinge, die zusammengefügt ist aus Gewalt, Lüge, Sorge, Heuchelei, Noth, Jammer, Leiden, Thränen, Betrug und Verbrechen, und der nur selten zuweilen ein Strom unreiner Lust, fast nie aber ein Strahl reiner Freude entquillt. Zerstört sei Alles, was Euch bedrückt und leiden macht, und aus den Trümmern dieser alten Welt erstehe eine *neue*, voll nie geahnten Glückes. Nicht Haß, nicht Neid, nicht Mißgunst und Feindschaft sei fortan unter Euch, als *Brüder* sollt Ihr *alle*, die Ihr da lebt, Euch erkennen, und frei, frei im Wollen, frei im Thun frei im Genießen, sollt Ihr den Wert des Lebens erkennen. Darum auf, ihr Völker der Erde! auf, Ihr Klagenden, Ihr Gedrückten, ihr Armen! Auf auch Ihr Anderen, die Ihr mit einem Glanze der Macht und des Reichthums vergeblich die innere Trostlosigkeit Eures Herzens zu umkleiden strebt! Auf! folgt in buntem Gemische meiner Spur, denn keinen Unterschied weiß ich zu machen unter denen, so mir folgen. Nur zwei Völker noch giebt es von jetzt an: das eine, welches mir folgt, das andere, welches mir widerstrebt. Das eine führe ich zum Glücke, über das andere schreite ich zermalmend hinweg, denn ich bin die *Revolution*, ich bin das ewig schaffende Leben, ich bin der einige Gott, den alle Wesen erkennen, der Alles, was ist, umfaßt, belebt, und beglückt!«

Und seht, die Scharen, auf den Hügeln, sie liegen lautlos auf den Knieen, sie lauschen in stummer Verzückung, und wie der sonnverbrannte Boden die kühlenden Tropfen des Regens, so saugt ihr vom heißen Jammer verdorrtes Herz die Laute des brausenden Sturmes ein, und neues Leben quillt durch ihre Adern. Näher und näher wälzt sich der Sturm, auf seinen Flügeln die Revolution; weit öffnen sich die wieder erweckten Herzen der zum Leben Erwachten, und siegreich zieht ein die Revolution in ihr Gehirn, in ihr Gebein, ihr Fleisch, und erfüllt sie ganz und gar. In göttlicher Verzückung springen sie auf von der Erde, nicht die Armen, die Hungernden, die vom Elende Gebeugten sind sie mehr, stolz erhebt sich ihre Gestalt, Begeisterung strahlt von ihrem veredelten Antlitz, ein leuchtender Glanz entströmt ihrem Auge, und mit dem himmelerschütternden Rufe: »ich *bin ein Mensch*!« stürzen sich die Millionen, die lebendige Revolution, der Mensch gewordene Gott, hinab in die Thäler und Ebenen, und verkünden der ganzen Welt das neue Evangelium des Glückes!

Wie verhalten sich republikanische Bestrebungen dem Königthume gegenüber?

(1848)

Laßt uns über diese Frage vollkommen klar werden und daher zunächst genau erörtern, was der Kern republikanischer Bestrebungen sei.

Glaubt Ihr im Ernst, wenn wir von unsrem jetzigen Standpunkte aus noch weiter vorwärtsschreiten wollen, müßten wir mit allernächstem schon an der offenen königslosen Republik ankommen? Glaubt Ihr dieß, oder wollt Ihr es den Ängstlichen nur weismachen? Seid Ihr kenntnißlos oder seid Ihr böswillig?

Ich will Euch sagen, wohin unsere allerdings »republikanischen« Bestrebungen zielen: – Unsere Bestrebungen für *das Wohl Aller* gehen dahin, die sogenannten Errungenschaften der letzten Vergangenheit nicht an sich schon als das *Ziel*, sondern als einen Anfang erkannt zu wissen.

Das Ziel fest ins Auge gefaßt, wollen wir daher zunächst den *Untergang auch des letzten Schimmers von Aristokratismus*; sind unsere Herren vom Adel keine Feudalherren mehr, die uns knechten und schinden konnten, wie sie Lust hatten, so sollen sie, um alles Ärgerniß zu verwischen, auch den letzten Rest einer Auszeichnung aufgeben, die ihnen an einem hitzigen Tage leicht zu einem Nessus-Gewande werden könnte, das sie bis auf die Knochen verbrennt, wenn sie es nicht beizeiten weit von sich geworfen haben würden. Gedenkt Ihr dabei Eurer Stammesahnen und haltet Ihr es für unfromm, Euch der Vorzüge zu begeben, die Ihr von ihnen ererbtet, so bedenkt, daß auch wir unserer Ahnen uns erinnern müssen, deren Thaten, so gute auch von ihnen vollbracht wurden, von uns zwar nicht in Familienarchiven aufgezeichnet sind, deren Leiden, Hörigkeit, Druck und Knechtschaft aller Art aber in dem großen, unleugbaren Archive *der Geschichte des letzten Jahrtausends* mit blutiger Tinte eingeschrieben stehen. Vergesset Eure Ahnen, werfet jeden Titel, jede mindeste Auszeichnung von Euch, so versprechen wir Euch, großmüthig zu sein und die Erinnerung *unserer* Ahnen auch gänzlich aus unsrem Gedächtniß zu streichen, damit wir fortan Kinder *eines* Vaters, Brüder *einer* Familie seien! Höret die Mahnung, erfüllet sie froh und aus freien Stücken, denn sie ist unabweislich, und Christus sagt: »Ärgert dich ein Glied, so reiß' es aus: es ist besser, daß es verderbe, als daß der ganze Leib zur Hölle fahre!« – Und noch eines! Verzichtet ein für alle Mal auf die ausschließliche Ehre, unserm Fürsten zunächst stehen zu wollen, bittet ihn, Euch des ganzen Wustes unnützer Hofämter, Ehren und Rechte zu überheben, die heut zu Tage einen Hof zum Gegenstande unmutiger Betrachtung machen; seid nicht mehr Kammerjunker und Kammerherren, die unseren König »ihren König« nennen, nehmt von ihm jene Heiducken und bunten Lakaien, die frivolen Auswüchse einer schlimmen Zeit, der Zeit, da alle Fürsten der Welt es dem französischen Ludwig XIV. nachahmen zu müssen glaubten. Tretet frei zurück von diesem Hofe, dem Hofe der müßigen Adelsversorgung, damit er ein Hof des ganzen, frohen, glücklichen Volkes werde, wo jedes Glied dieses Volkes in freudiger Vertretung seinem Fürsten zulächle und ihm sage, daß er der Erste eines freien, gesegneten Volkes sei. – Darum, so wollen wir weiter: *keine erste Kammer mehr!* Es giebt nur ein Volk, nicht ein erstes und zweites, somit kann und soll es daher auch nur ein Haus der Volksvertretung geben, und dieses Haus sei ein edles, schlichtes Gebäude, ein hochgewölbtes Dach auf starken, schlanken Säulen: wie würdet Ihr dies Gebäude verstümmeln, wolltet Ihr eine triviale Wand quer durchziehen, daß Ihr statt eines großen Saales zwei enge Kammern hättet!

Weiter wollen wir die Zuertheilung des unbedingten Stimm- und Wahlrechts an jeden volljährigen, im Lande geborenen *Menschen*: je ärmer, je hülfsbedürftiger er ist, desto natürlicher ist sein Anspruch auf Betheiligung an der Abfassung der Gesetze, die ihn fortan gegen Armuth und Dürftigkeit schützen sollen.

Und weiter wollen wir in unseren »republikanischen« Bestrebungen: eine *allgemeine große Volkswehr*, nicht ein stehendes Heer und eine liegende Kommunalgarde; was Ihr vorbereitet, soll weder eine Verminderung des einen, noch eine bloße Erweiterung des anderen sein, sondern eine neue Schöpfung, die, nach und nach in das Leben tretend, Heer und Kommunalgarde untergehen lassen in der einen großen, zweckmäßig hergestellten, jeden Standesunterschied vernichtenden *Volkswehr*.

Sind so alle bisher neidisch und feindlich geschiedenen Stände in den einen großen Stand des freien Volkes vereinigt, zu dem Alles gehört, was auf dem lieben deutschen Boden von Gott menschlichen Atem empfing, – glaubt Ihr, daß wir dann am Ziele sein? Nein, dann wollen wir erst recht anfangen! Dann gilt *es, die Frage nach dem Grunde alles Elends in unserem jetzigen gesellschaftlichen Zustande* fest und tatkräftig in das Auge zu fassen, – es gilt zu entscheiden, ob der Mensch, diese Krone der Schöpfung, ob seine hohen geistigen, sowie seine so künstlerisch regsamen leiblichen Fähigkeiten und Kräfte von Gott bestimmt sein sollen, dem starresten, unregsamsten Produkte der Natur, dem bleichen Metall, in knechtischer Leibeigenschaft unterthänig zu sein?

Es wird zu erörtern sein, ob diesem geprägten Stoffe die Eigenschaft zuzuerkennen sei, den König der Natur, das Ebenbild Gottes, sich dienst- und zinspflichtig zu machen – ob dem Gelde die Kraft zu lassen sei, den schönen freien Willen des Menschen zur widerlichsten Leidenschaft, zu Geiz, Wucher und Gaunergelüste zu verkrüppeln? Dieß wird der große Befreiungskampf der tief entwürdigten leidenden Menschheit sein: er wird nicht einen Tropfen Blutes, nicht eine Thräne, ja nicht eine Entbehrung kosten: nur eine Überzeugung werden wir zu gewinnen haben, sie wird sich uns unabweislich aufdrängen: die Überzeugung, *daß es das höchste Glück, das vollendetste Wohlergehen Aller herbeiführen muß, wenn so viele thätige Menschen, als nur irgend der Erdboden ernähren kann, aus ihm sich vereinigen, um in wohlgegliederten Vereinen durch ihre verschiedenen mannigfaltigsten Fähigkeiten, im Austausch ihrer Thätigkeit sich gegenseitig zu bereichern und zu beglücken.* Wir werden erkennen, daß es der sünd- hafteste Zustand in einer menschlichen Gesellschaft ist, wenn die Thätigkeit Einzelner entschieden gehemmt ist, wenn die vorhandenen Kräfte sich nicht frei rühren und nicht vollkommen sich verwenden können, so lan- ge – dieß ist die einzige Bedingung – der Erdboden zu ihrer Nahrung ausreicht. Wir werden erkennen, daß die menschliche Gesellschaft durch die *Thätigkeit ihrer Glieder*, nicht aber durch die vermeinte Thätigkeit des *Geldes* erhalten wird: wir werden den Grundsatz in klarer Überzeugung feststellen, – Gott wird uns erleuchten, das richtige *Gesetz* zu finden, durch das dieser Grundsatz in das Leben geführt wird, und wie ein böser nächtlicher Alp wird dieser dämonische Begriff des Geldes von uns wei- chen mit all seinem scheußlichen Gefolge von öffentlichem und heimli- chem Wucher, Papiergaunereien, Zinsen und Bankiersspekulationen. Das wird die *volle Emanzipation des Menschengeschlechtes*, das wird die *Erfül- lung der reinen Christuslehre* sein, die sie uns neidisch verbergen hinter prunkenden Dogmen, einst erfunden, um die rohe Welt einfältiger Barba- ren zu binden und für eine Entwicklung vorzubereiten, deren höherer Vollendung wir nun mit klarem Bewußtsein zuschreiten sollen.

Oder wittert Ihr hierin etwa Lehren des *Kommunismus*? Seid Ihr thöricht oder böswillig genug, die nothwendige Erlösung des Menschengeschlechts von der plumpesten und entsittlichendsten Knechtschaft gemeinster Materie als gleichbedeutend mit der Ausführung der abgeschmacktesten und sinnlosesten Lehre, der des Kommunismus, zu erklären? Wollt Ihr nicht erkennen, daß in dieser Lehre der mathematisch gleichen Vertheilung des Gutes und Erwerbes eben nur ein gedankenloser Versuch zur Lösung jener allerdings gefühlten Aufgabe gemacht worden ist, der sich in seiner reinen Unmöglichkeit selbst das Urtheil der Todtgeborenheit spricht? Wollt Ihr damit aber die Aufgabe selbst als verwerflich und unsinnig, wie jene Lehre es in Wahrheit ist, ebenfalls verschreien? *Hütet Euch!* Das Ergebniß von dreiunddreißig Jahren ungestörten Friedens zeigt Euch jetzt die menschliche Gesellschaft in einem Zustande von Zerrüttung und Verarmung, daß Ihr am Ende dieser Jahre rings um Euch die entsetzlichen Gestalten des bleichen Hungers erblickt! Seht Euch vor, ehe es zu spät ist! Spendet nicht *Almosen*, sondern erkennt das *Recht*, das von Gott verliehene *Menschenrecht*, sonst dürstet Ihr wohl den Tag erleben, wo die gewaltsam verhöhnte Natur zu einem rohen Kampfe sich ermannt, dessen wildes Siegesgeschrei *wirklich jener Kommunismus wäre*, und wenn in der Unmöglichkeit des Bestandes seiner Grundsätze auch nur die kürzeste Dauer seiner Herrschaft verbürgt läge, so würde diese kurze Herrschaft doch hinreichend gewesen sein, alle Errungenschaften einer zweitausendjährigen Zivilisation auf vielleicht lange Zeit spurlos auszurotten. Glaubt Ihr, ich *drohe*? Nein, ich *warne*! –

Sind wir nun in unseren republikanischen Bestrebungen soweit gelangt, auch diese wichtigste aller Fragen zum Glück und Wohlergehen der staatlichen Gesellschaft zu lösen, sind wir in die Rechte freier Menschenwürde vollständig eingetreten: werden wir nun am Ziele unseres thätigen Strebens angelangt sein? Nein! Nun soll es erst recht beginnen! Sind wir durch die gesetzkräftige Lösung der letzten Emanzipationsfrage zur vollkommenen Wiedergeburt der menschlichen Gesellschaft gelangt, geht aus ihr ein freies, allseitig zu voller Thätigkeit erzogenes neues Geschlecht hervor, so haben wir nun erst die Kräfte gewonnen, an die höchsten Aufgaben der Zivilisation zu schreiten, das ist: *Bethätigung, Verbreitung* derselben. Nun wollen wir in Schiffen über das Meer fahren, da und dort ein junges Deutschland gründen, es mit den Ergebnissen unseres Ringens und Strebens befruchten, die edelsten, gottähnlichsten Kinder zeugen und erziehen: wir wollen es besser machen als die *Spanier*, denen die neue Welt ein pfäffisches Schlächterhaus, anders als die *Engländer*, denen sie ein Krämerkasten wurde. Wir wollen es deutsch und herrlich machen: vom Aufgang bis zum Niedergang soll die Sonne ein schönes, freies

Deutschland sehen und an den Grenzen der Tochterlande soll, wie an denen des Mutterlandes, kein zertretenes unfreies Volk wohnen, die Strahlen *deutscher Freiheit* und *deutscher Milde* sollen den Kosaken und Franzosen, den Buschmann und Chinesen erwärmen und verklären.

Seht Ihr, hier hat unser republikanisches Streben kein Ziel und Ende, rastlos dringt es weiter von Jahrhundert zu Jahrhundert zur Beglückung des ganzen großen Menschengeschlechtes! Ist dieß ein Traum, ein Utopien? Es ist es, sobald wir darüber nur hin- und hersprechen, kleingläubig und selbstsüchtig die Möglichkeit abwägen und leugnen: es ist es nicht, sobald wir froh und muthig handeln, sobald jeder Tag eine neue gute *That* des Fortschrittes von uns sieht.

Aber, fragt Ihr nun: willst du dieß Alles mit dem Königthum erreichen? – Nicht einen Augenblick habe ich sein Bestehen aus dem Auge verlieren müssen, – hieltet *Ihr* es aber für unmöglich, so sprächet Ihr selbst sein Todesurtheil aus! Müßt Ihr es aber für möglich erkennen, wie ich es für mehr als möglich erkenne, nun; so wäre die Republik ja das Rechte, und wir dürfen nur fordern, *daß der König der erste und allerächteste Republikaner* sein sollte. Und ist Einer mehr berufen, der *wahreste, getreueste* Republikaner zu sein als gerade der Fürst? *Res publica* heißt: die Volkssache. Welcher Einzelne kann mehr dazu bestimmt sein als der Fürst, mit seinem ganzen Fühlen, Sinnen und Trachten lediglich nur der *Volkssache* anzugehören? Was sollte ihn, bei gewonnener Überzeugung von seinem herrlichen Berufe, bewegen können, sich selbst zu verkleinern und nur einem besonderen *kleineren* Theile des Volkes angehören zu wollen? Empfinde Jeder von uns noch so warm für das allgemeine Beste, ein so reiner Republikaner wie der Fürst kann er nie werden, denn *seine* Sorgen theilen sich nie, sie können nur dem Einen, dem Ganzen angehören, während Jeder von uns, der Alltäglichkeit gegenüber, seine Sorgen organisch zu vertheilen hat. – Und worin bestände das Opfer, das der Fürst zu bringen hätte, um dem erkannten, unsäglich schönen Berufe zu entsprechen? Sollte es ihm als Opfer gelten, in den freien Bürgern des Staates nicht mehr seine »*Unterthanen*« zu erblicken? Durch die That unserer Gesetze ist diese Vorstellung bereits aufgehoben, und der diese Gesetze bestätigte, erfüllt ihren Sinn mit solcher Treue, daß der *Ausspruch* des Aufhörens der Unterthänigkeit ihm als kein Opfer mehr erscheinen würde. Müßte es ihm als ein Opfer gelten, wenn er jenen Rest eines müßigen Hofprunkes mit seinen längst überlebten Ehren, Titeln und Orden von sich wiese? Wie klein dächten wir von dem schlichtesten, wahrhaftigsten Fürsten unserer Zeit, wenn wir die Erfüllung solchen Wunsches ihm als ein Opfer anrechnen wollten, sobald wir mit Sicherheit annehmen dürfen, daß selbst ein wirkliches Opfer gern von ihm gebracht werden würde, wenn er erführe, daß es der Hinwegräumung eines Hindernisses der freien Ausströmung der Volksliebe gelte?

Was nun berechtigt uns, so tief in die Seele dieses seltenen Fürsten zu greifen, Überzeugungen von ihm auszusprechen, wie wir von manchem uns ganz gleich stehenden Bürger es zu thun vielleicht nicht für klug halten müßten? – Es ist der Geist unserer Zeit, es ist die noch nie dagewesene Lage der Dinge, wie sie die Gegenwart zu Tage gefördert hat, die den Schlichtesten mit Prophetenblick begabt. Der Drang zur Entscheidung ist da: zwei Feldlager sind unter den zivilisirten Nationen Europas aufgeschlagen; hier ertönt *es: Republik! dort Monarchie!* Wollt Ihr läugnen, daß es sich jetzt um eine entschiedene Lösung dieser Frage handle, daß sich in ihr Alles fasse und begreife, was die menschliche Gesellschaft bis in ihre tiefsten Wurzeln erregt? Wollt Ihr den Geist dieser gotterfüllten Zeit verkennen, behaupten: das sei Alles schon dagewesen und werde sich nach einem verflogenen Rausche wieder gestalten, wie es war? Nun, dann hätte euch Gott mit Blindheit für alle Ewigkeit geschlagen! Nein, in dieser Zeit erkennen wir auch die Nothwendigkeit der *Entscheidung*: was Lüge ist, kann nicht bestehen, und die Monarchie, d.h. die *Alleinherrschaft* ist eine Lüge, sie ist es durch den Konstitutionalismus geworden. Nun wirft sich der an aller Aussöhnung Verzweifelnde kühn und trotzig der vollen Republik in die Arme, der noch Hoffende lenkt sein Auge zum letzten Male prüfend nach den Spitzen des Bestehenden hin. Er erkennt, daß, gilt der Kampf der Monarchie, dieser nur in besonderen Fällen gegen die *Person des Fürsten*, in allen Fällen aber *gegen die Parthei* geführt wird, die eigennützig oder selbstgefällig den Fürsten auf den Schild erhebt, unter dessen Schatten sie ihren besonderen Vortheil des Gewinnes oder der Eitelkeit verficht. Diese *Parthei* ist also die zu besiegende: soll der Kampf ein blutiger sein? Er muß es sein, er muß Parthei und Fürsten zu gleicher Zeit treffen, wenn kein Mittel der Versöhnung bleibt. Als dieses Mittel erfassen wir aber den *Fürsten* selbst: ist er der ächte, freie Vater seines Volkes, so kann er mit einem einzigen hochherzigen Entschluß den Frieden pflanzen, wo Krieg sonst nur unvermeidlich erscheint. Nun suchen wir auf den Thronen Europas den Fürsten, den Gott erkoren haben soll, das hohe schöne Werk zu vollziehen: was erblicken wir? Welch verblendetes, tief entartetes Geschlecht, unfähig zu jedem hohen Beruf! Welchen

Anblick gewährt uns Spanien, Portugal, Neapel? Welcher Schmerz erfüllt uns beim Hinblick auf die deutschen Lande Hannover, Hessen, Bayern – ach! schließen wir die Reihe! Gott sprach sein Urtheil über die Schlechten und Schwachen: ihre Schwäche wuchs von Glied zu Glied. Wir wenden den Blick ab aus der Ferne, in unserer Heimat schlagen wir ihn von neuem auf: *Da sehen wir den Fürsten, den sein Volk liebet,* nicht im Sinne altherkömmlicher Stammesanhänglichkeit, nein! *in reiner Liebe zu ihm selbst, zu seinem eigensten Ich*: Wir lieben ihn, weil er ist, wie er ist, wir lieben seine reine Tugend, seine hohe Ehrenhaftigkeit, seinen Biedersinn, seine Milde. Nun rufe ich aus vollem Herzen laut und freudig:

Das ist der Mann der Vorsehung!

Will *Preußen* die Erhaltung einer Monarchie, so ist es dem Begriffe des Preußenthums zu lieb: ein eitler Begriff, der bald erblaßt sein wird! Will *Österreich* sich seinen Fürsten erhalten, so erkennt es in dessen Dynastie das einzige Mittel des Bestandes einer unnatürlich zusammengeworfenen Ländermasse: ein unmöglicher Bestand, der nächstens zerfallen wird! – Will aber der Sachse das Königthum, so leitet ihn zu allernächst die *reine Liebe zu seinem Fürsten*, das glückliche Bewußtsein, diesen Besten sein zu nennen: hier ist es nicht ein kalter, staatskluger *Begriff*, – es ist die volle warme *Überzeugung der Liebe*. Und diese Liebe, sie soll entscheiden, sie kann nicht nur für jetzt, *sie kann ein für alle Mal entscheiden!* Von diesem unsäglich wichtigen Gedanken erfüllt, rufe ich nun in muthiger Begeisterung aus: *Wir sind Republikaner*, wir sind durch die Errungenschaften unserer Zeit dicht daran, die Republik zu haben: aber Täuschung und Ärgerniß aller Art heftet sich noch an diesen Namen, – sie seien gelöst mit einem Worte unseres Fürsten! Nicht wir wollen die Republik ausrufen, nein! *Dieser Fürst, der edelste, der würdigste König, er spreche es aus*:

Ich erkläre Sachsen zu einem Freistaate.

Das erste Gesetz dieses Freistaates, das ihm die schönste Sicherung seines Bestehens gebe, sei:
Die höchste vollziehende Gewalt ruht in dem **Königshause Wettin** *und geht in ihm von Geschlecht zu Geschlecht nach dem Rechte der Erstgeburt fort.*

Der Eid, den wir diesem Staate und diesem Gesetze schwören, er wird nie gebrochen werden: nicht *weil* wir ihn geschworen (wie viele Eide werden nicht in gedankenloser Anstellungsfreude geschworen!), sondern weil wir ihn mit der *Überzeugung* geschworen, *daß durch jene Erklärung, jenes Gesetz, eine neue Zeit unvergänglichen Glückes begründet wurde, das nicht allein aus Sachsen, nein! auf Deutschland, auf Europa die wohlthätigste, entscheidendste Mittheilung auszuüben vermag.* Der dieß in so kühner Begeisterung aussprach, glaubt mit unumstößlicher Überzeugung, dem Eide, den er auch seinem Könige schwur, nie *treuer* gewesen zu sein, als heute, da er dieß niederschrieb.

Würde hierdurch nun der Untergang der *Monarchie* herbeigeführt? Ja! Aber es würde damit die *Emanzipation des Königthums* ausgesprochen. Täuschet Euch nicht, Ihr, die Ihr die »konstitutionelle Monarchie auf der breitesten demokratischen Grundlage« wollt. Ihr seid, was die letztere (die Grundlage) betrifft, entweder unredlich, oder, ist es Euch mit ihr Ernst, so martert Ihr die künstlich von euch gepflegte Monarchie langsam zu Tode. Jeder Schritt vorwärts auf dieser demokratischen Grundlage ist eine neue Bewältigung der Macht des Monarchen, nämlich: des *Alleinherrschers*; das Prinzip selbst ist die vollständigste Verhöhnung der Monarchie, die eben nur im wirklichen *Allein*herrscherthum gedacht werden kann: jeder Fortschritt im Konstitutionalismus ist eine Demüthigung für den Herrscher, denn er ist ein Mißtrauensvotum gegen den Monarchen. Wie soll hier Liebe und Vertrauen gedeihen in diesem beständigen und oft so unwürdig ausgebeuteten Kampfe zwischen zwei vollkommn entgegengesetzten Prinzipien? Schmach und Kränkung verbittern dem Monarchen, als solchem, das Dasein: erlösen wir ihn daher aus diesem unglücklichen Halbleben; lassen wir den Monarchismus ganz enden, da die Alleinherrschaft durch die Volksherrschaft (Demokratie) eben unmöglich gemacht ist, aber emanziperen wir dagegen in seiner vollsten, eigentümlichen Bedeutung das *Königthum*! An der Spitze des Freistaates (der Republik) wird der erbliche König eben das sein, was er seiner edelsten Bedeutung nach sein soll: der *Erste des Volkes, der Freieste der Freien!* Würde dieß nicht zugleich die schönste deutsche Auslegung des Ausspruches Christus' sein: »*Der Höchste unter Euch soll der Knecht Aller sein?*« Denn indem er der Freiheit Aller dient, erhöht er in sich den Begriff der Freiheit selbst zum höchsten, gotterfüllten Bewußtsein. – Je weiter wir in der Aufsuchung der Bedeutung des Königthums in den germanischen Nationen zurückgehen, je inniger wird sie sich dieser neu gewonnenen, als einer eigentlich nur wiederhergestellten anschließen; der Kreislauf der geschichtlichen Entwicklung des Königthums wird an seinem Ziele, bei sich selbst wieder angelangt sein, und als die weiteste Verirrung von diesem Ziele werden wir den *Monarchismus*, diesen fremdartigen, undeutschen Begriff, anzusehen haben.

Sollen wir zu dem hier ausgesprochenen sehnlichen Wunsche in Form einer Petition Unterschriften sammeln? Ich bin gewiß, Hunderttausende würden unterzeichnen, denn sein Inhalt bietet die Versöhnung aller streitenden Partheien, wenigstens aller Derjenigen in ihnen, die es redlich meinen. Aber nur ein einziger Namenszug kann hier der rechte und entscheidende sein: *der des geliebten Fürsten*, dem wir mit brünstiger Überzeugung ein schöneres Loos, eine seligere Stellung wünschen, als sie ihm jetzt zu Theil ist.

Dresden, am 14. Juni 1848.

Ein Mitglied des Vaterlandsvereines.

Die Nibelungen (1848)

(Schlußworte).

»Wann kommst du wieder, Friedrich, du herrlicher Siegfried! und schlägst den bösen nagenden Wurm der Menschheit?« –

»Zwei Raben fliegen um meinen Berg, – sie mästeten sich fett vom Raube des Reiches! Von Südost hackt der eine, von Nordost hackt der andere: – verjagt die Raben und der Hort ist euer! – Mich aber laßt ruhig in meinem Götterberge!«

Über Eduard Devrient's »Geschichte der deutschen Schauspielkunst«

(1849)

Nachdem sich das Wiener Volk im vorigen März erhoben, verjagte es außer Jesuiten, Polizeispitzeln und so manchem Andern auch das Ballett und die italienische Oper. Die Theaterdirektoren ersahen zugleich, daß die schlaffe, weichliche Kost ihres Repertoires dem Publikum nun nicht mehr zusagen werde, daß die Zeit der theatralischen Zoten nun vorüber sei und den jungen Leuten mit den entschlossenen, muthigen Mienen andere Lockungen geboten werden müßten. Wo ein tüchtiges, Wahrheit und Freiheit athmendes Stück habhaft zu machen war, wurde es über die Bretter geführt, die Posse mußte die Liederlichkeit abstreifen, und in starker, kräftiger Weise das neue Freiheitslied anstimmen, in ihr das jesuitische Laster gezüchtigt, der frohe Todesmuth der heiteren Wiener Helden gefeiert werden; ersetzt wurde überall, was die geistesmörderische Censur verstümmelt hatte.

Wir könnten zu diesen Beobachtungen noch manche andere stellen, z.B. wie in Folge des März der Intendant der Berliner königlichen Schauspiele durch Katzenmusiken veranlaßt wurde, gute klassische Stücke zu geben; hier allein wird aber genügen, zu zeigen, daß unser Theater in Wirklichkeit von Staatsinteresse ist, daß Wohl und Wehe des Staates in unausbleiblichem Reflex sich im Theater abspiegelt. Und wie sollte es anders sein? Außer dem Theater haben wir nur die Kirche, welche in ähnlicher Weise unmittelbar auf eine große Öffentlichkeit sich äußert; wenn die unvergleichliche Wirkung religiöser Inbrunst in unserm modernen Staatsleben jedoch immer weniger in Anschlag gebracht werden darf, und wenn wir dagegen bedenken, wie der durch alle Reize der Sinnlichkeit, durch unmittelbares warmes Leben der Kunstwerkzeuge hervorgebrachte Eindruck theatralischer Vorstellungen schon deßhalb stets neu und lebhaft zu bleiben vermag, weil er sich immerdar aus dem wirklichen Leben der Gegenwart erfrischt und verjüngt, so dürfte eine dem Theater vorzüglich zu widmende Aufmerksamkeit jetzt wohl an der höchsten Zeit sein. Hoffentlich wird der freie Staat, sobald er einigermaßen sich selbst zur Besinnung gekommen sein wird, seine Pflicht gegen sich auch darin erkennen, daß er, in Erwägung der ungemeinen Wirkungsfähigkeit des

Theaters, sich diese Fähigkeit zu dem edelsten und freiesten Zwecke, zu dem Zwecke seiner selbst sich versichert; er wird dieß dadurch erreichen, daß er durch geeignete Unterstützung das Theater unabhängig von jeder anderen Rücksicht außer der macht, die Sitten und den Geschmack des Volkes zu kräftigen und zu veredeln. Diese Absicht muß die einzig ihm untergelegte sein, frei und selbstständig muß er dieser einen Aufgabe nachgehen dürfen, jeder Einfluß außer dem der künstlerischen Intelligenz des berufenen und des unverleiteten sittlichen Gefühls der Gesammtheit muß von ihm ferngehalten werden.

Glauben wir hiermit die Aufgabe des Staates dem Theater gegenüber richtig erfaßt zu haben, und irren wir nun nicht, wenn wir gerade den gegenwärtigen Moment unserer politischen Entwicklung für geeignet halten, den Staat auf seine Pflicht aufmerksam zu machen, so haben wir allen Denen, die hierin mit uns übereinstimmen, zu dem Zweck vollständiger Aufklärung über diesen wichtigen Gegenstand nichts angelegentlicher zu empfehlen, als das oben angezeigte Buch *Eduard Devrient's*, von dem soeben der dritte Band erschien.

Wie niemals der bloße Kenner, der außerhalb des Gegenstandes betrachtend steht, das Richtigste darüber zu empfinden und zu sagen weiß, sondern nur derjenige, der sie unmittelbar ausübt, eine Kunst auch am sichersten zu begreifen im Stande ist, so kann von allem Geistreichen, was Dichter und Ästhetiker über die Schauspielkunst gesagt haben, doch füglich ganz abgesehen werden, nach den Darstellungen und Eröffnungen, die uns hier ein vorzüglich berufener Schauspieler selbst von seiner Kunst macht. Das Gefühl tiefster Unzufriedenheit, das ihm der heutige Zustand unserer Theater erweckte, scheint unseren Künstler von dem Erforschen der nächsten Ursachen desselben im folgerichtigen Weiterdringen bis in das tiefste Herz seiner Kunst geführt zu haben; seine Begeisterung wuchs mit der Erkenntniß des hohen Berufes der Schauspielkunst und durch die gewonnene Überzeugung, daß die edelste Unabhängigkeit das Wesen derselben sein müsse. Deutlich darzuthun, daß die Schauspielkunst selbstständig aus ihrer eigensten Eigenthümlichkeit hervorging, daß sie ohne Beeinträchtigung keinen anderen Bedingungen als denen ihres Wesens gehorcht, daß sie ein Produkt des Volkes und seines Geistes ist, in einem Maße, wie keine andere Kunst, und daß ihr festes Verharren am Volksgeiste namentlich beim deutschen Volk der Grund all ihres Wohles und Wehes ist, – dieß durfte dem Verfasser am sichersten auf dem Wege geschichtlicher Darstellung gelingen und in dem vorliegenden Werke ist es ihm auf das Überzeugendste geglückt.

Er zeigt uns, wie länger, und dauernder als bei irgend einem anderen europäischen Bildungsvolke die Schauspielkunst bei den Deutschen unmittelbar an der Gesinnung und Eigenthümlichkeit des Volkes haftete, daß die endlich hinzutretenden Versuche der Literatur, sich ihrer zu bemächtigen, nach hartnäckigem Widerstreben nur dann von Erfolg waren, als sie sich innig mit dem Wesen der Schauspielkunst zu befreunden und aus ihr selbst sich zu erfrischen begann, und daß, wenn wir in ihr nicht die Höhe der Engländer und Franzosen erreicht haben, dieß (außer anderen äußeren Gründen) namentlich auch darin seine Erklärung findet, daß uns noch kein Shakespeare und Molière erstand, das heißt, noch kein wirklicher Schauspieler, der, wie diese, zugleich die höchste Kraft dichterischer Schöpfungsgabe in sich vereinigte. Wir sehen, wie unsere größten Dichter, die sich mit thätiger Liebe dem Drama zuwendeten, Goethe und Schiller, doch zu sehr auf dem absolut literarischen Standpunkte außerhalb der Schauspielkunst stehen blieben, um den entscheidend günstigen Einfluß auf sie zu gewinnen, und daß eine Periode, wie die unsrige, das Gedeihen derselben endlich vollkommen untergraben mußte, da sie das Theater nach jeder Seite hin von Rücksichten und Ansprüchen abhängig macht, die mit dem inneren Wesen der Schauspielkunst nichts als ihr Äußerlichstes gemein haben.

Mit dem edelsten Eifer, im Gefühle höchster sittlicher Berechtigung tritt nun der Verfasser als Sachwalter seiner so vernachlässigten herrlichen Kunst und im Bewußtsein der von der Gesellschaft noch so unbegriffenen Würde seines Standes dem Staate mit der wohlbegründeten Forderung entgegen: sein höchstes Interesse am Theater zu erkennen und dafür zu sorgen, daß es als würdiges Glied, der Staatsanstalten frei und wohlthuend seinen hohen Beruf ausüben dürfe. Welcher Edle, ja welcher irgend Einsichtsvolle sollte ihm nicht den gesegnetsten Erfolg seines Strebens wünschen?

Theater-Reform

(1849)

Die kürzlich von *Eduard Devrient* veröffentlichten Vorschläge zur Reform des Theaters müssen der Beschaffenheit der Sache nach notwendig zunächst auf dreierlei Gegner stoßen, und diese sind: 1. die bisherigen *Theaterdirektoren*, deren meist unkenntnißvolles Verfahren den jetzt allgemein mehr als bedenklich erfundenen Zustand des Theaters herbeiführte; 2. diejenigen einzelnen *Virtuosen*, welche aus diesem Zustande ihren besonderen Vortheil zogen, und 3. die sogenannten *Theaterliebhaber*, welche bei persönlicher Berührung mit den beiden eben bezeichneten Klassen an jenem Zustande Behagen gefunden hatten. Der letzteren Gattung scheint, wenigstens seiner Unterschrift (Scenophitus, zu deutsch Bühnenfreund) nach, der Verfasser des auf den angeregten Gegenstand bezüglichen Aufsatzes in der »Spener'schen Zeitung«, dessen Abdruck in der vorgestrigen Nummer des »Dresdner Anzeigers« durch wohlmeinende Vermittelung besorgt worden ist, anzugehören; möglich jedoch, daß er der ersten, kaum denkbar, daß er der zweiten Klasse sich zuzähle, weil wir ihm dann einen günstigeren Begriff von der von ihm, wenn auch noch so willkürlich ausgeübten Kunst vorausgesetzt haben würden.

Dieser »Bühnenfreund« betheuert schließlich seinen Glauben an die »hohe Bestimmung« der Schauspielkunst, nachdem er zuvor die Fähigkeit des Schauspielers, seiner eigenen Kunst vorzustehen, höhnisch in Zweifel gestellt, der Schauspielergesellschaft aber die Möglichkeit einer gesitteten Organisation zur Vertretung ihrer Interessen abgesprochen. Die zu »hoher Bestimmung« zu erziehende Schauspielerkunst wäre demnach die einzige Kunst, welche nicht zu den *freien* Künsten gehören sollte, indem ihre Leistungen nämlich nicht von Künstlern dieser Kunst selbst, sondern von solchen, welche außerhalb ihrer stehen, geleitet werden müssen; sie wäre also, bei aller ihrer bewahrten »hohen Bestimmung«, diejenige Kunst, die von Künstlern ausgeübt würde, welche ihre Kunst nicht verständen, und die deßhalb von Leuten dirigirt werden müßte, welche sie nicht ausüben und *daher* wahrscheinlich auch nur verständen. Dieß lautet zwar etwas dunkel, dennoch muß diese Vorstellung von der Sache unserem »Bühnenfreunde« zu eigen sein: suchen wir daher, sie uns näher zu erhellen!

Wenn also der Schauspieler unfähig ist, die Leistungen der Schauspielkunst zu leiten, wer wird dann dazu geschickt sein. Der *Schauspieldichter*?

Der ist ja nach Eduard Devrient's Vorschlage bereits als Vertreter der Interessen der Literatur der Direktion zugeordnet (und in Wahrheit kann er vernünftigerweise dieser eben nur *zugeordnet* sein, da er nicht *über* die Schauspielkunst gesetzt werden darf, indem sein Antheil der der Dichtkunst, nicht aber der Schauspielkunst ist); ebenso ist jenem Vorschlage gemäß der musikalische Dirigent als Theilnehmer der Direktion hingestellt. Da wir nun unmöglich den Ballett- oder Maschinenmeister an die Spitze des Ganzen zu setzen gesonnen sein könnten, so müßten wir also unsere Blicke auf die weite Schaar der »Kunstkenner« richten: unter diesem herrlichen Namen begreift sich ziemlich Alles, was von Gott den Athem empfangen hat, und was ihre *Kenntniß* betrifft, so fragt bei Dichtern, Malern, Musikern u.s.w. nach, was sie im Allgemeinen täglich von ihr für Erfahrungen machen! Haben wir aber je erlebt, daß zum Beispiel an die Spitze einer Malerakademie ein kunstliebender Husarenmajor gestellt wurde? Nein, – und unser »Bühnenfreund« scheint sogar auch zugeben zu wollen, daß das Orchester von einem Musiker, nicht aber von einem Rechtsgelehrten dirigirt werde. Nur eine Schauspielgesellschaft soll etwa von einem gelernten Kammerherrn, einem geübten Bankier oder vielleicht einem gewandten Journalisten dirigirt werden?

In der That, Leute von diesem Fache waren es, denen bisher die Leitung der Theater anvertraut war, und dem Erfolge dieser Leitung haben wir es zu verdanken, daß die Begriffe über das Wesen und den Zweck der Schauspielkunst sich so verwirrt haben, daß jeder Unsachverständige und außerhalb dieser Kunst Stehende sich einbilden darf, das »*Praktische*« der Sache ermessen zu können, und die Ansichten der durch volle Kenntniß ihrer Kunst allein berechtigten Sachverständigen als »*unpraktische*« Faseleien zu betrachten. Eure »Praxis«, ihr Bühnenfreunde, hat großes Unheil in die Kunstgenossenschaften gebracht, so großes, daß ihr euch nun berechtigt haltet, ihnen die Fähigkeit zur Beratung ihrer eigenen Interessen abzusprechen! Ihr klugen »Praktiker« habt es durch eure pfiffigen Regierungsmaaßregeln so weit gebracht, daß diese Genossenschaften kaum noch wissen, daß sie zu einem *gemeinsamen* Zwecke der Kunst vereinigt sind, daß nur *Eines* ihren Zweck sie erreichen lassen kann: das *Gemeingefühl.* Ihr habt Einen gegen den Anderen gehetzt, den Unfähigen, der euch schmeichelte, über Verdienst begünstigt, den Begeisterten, der gegen eure »Praktik« verstieß, von euch gewiesen. So habt ihr die Genossenschaft zerrüttet: fremd und nur auf seinen, den Andern schädlichen Vortheil bedacht, löste der Einzelne von dem Ganzen sich los, vergaß, daß er dem höheren Zwecke seiner Kunst gemäß nur in Gemeinschaft mit seinen Genossen wirken könne, und so mußte allerdings endlich der Zustand eintreten, der euch höhnisch über das »Unpraktische« von Vorschlägen lächeln macht, die eben nur darauf hinzielen, jenen von euch zertrümmerten Gemeingeist wieder herzustellen, – und seht, darin fühlen wir uns aber über eure Klugheit erhaben, daß wir selbst das deutliche Bedürfniß in uns gewahren, durch zweckmäßige Einrichtungen jenen Gemeingeist der künstlerischen Genossenschaft unter uns wieder aufleben zu lassen.

Und somit sei euch, ihr »Praktiker«, auch versichert, daß Niemand besser, als die künstlerischen Genossenschaften, es wissen, wer fähig ist, ihre Gesammtleistungen zu leiten: keiner weiß besser, als der Schauspieler, ob dieser oder jener Regisseur seine Sache versteht, Niemand besser als der Musiker des Orchesters, ob ihr Dirigent seiner Aufgabe gewachsen ist oder nicht; deßhalb weiß aber auch Niemand besser als sie, wen sie aus den etwa Vorgeschlagenen zu wählen haben: sie werden jedesmal Den wählen, der ihr Vertrauen besitzt, und dem Manne ihres Vertrauens werden sie ebenso eifrig und erfolgreich gehorchen, als sie dem, der durch einen Akt fremder Gunst *gegen* das Vertrauen der Genossenschaft an ihre Spitze gestellt wird, lässig und erfolglos sich eben nur unterordnen. Für diesen Fall habt ihr zwar das »*Befehlen*« in Bereitschaft; was ihr aber damit für das Gedeihen einer *Kunstanstalt* ausrichtet, nun, das zeigt euch der Erfolg der Wirksamkeit der heutigen Theater: ein trauriges, mühseliges Hin- und Herschleppen, Aushelfen, Zunichtskommen, Anstrengung ohne Zweck, Ermüdung ohne Lohn. Das ist ungefähr die Bewährung unserer »*Praktik*«!

Diese Einsicht in die unleugbare Lage der theatralischen Dinge scheint unser Berliner »Scenophilus« aus dem Reformschriftchen Eduard Devrient's, trotzdem sie in ihm so klar dargelegt ist, aber keineswegs gewonnen zu haben, denn sonst müßte er doch die streng gefolgte Nothwendigkeit der darin enthaltenen Abhülfsvorschläge als richtigen Gegensatz erkannt haben. Wir glauben daher schließen zu müssen, daß »Scenophilus« diesmal nicht hochdeutsch durch: Bühnenfreund, sondern niederdeutsch durch: *Theaterjokel* zu übersetzen sein muß, wenn wir in ihm nicht gar auf den leibhaftigen Gottseibeiuns – wollen sagen: Oberhoftheaterintendanten Berlins selbst aus Versehen gestoßen sein sollten!

Unser Geld reicht nicht weiter zu, deßhalb müssen wir mit dem Inserate hier schließen, obwohl wir Herrn Haude und Spener noch manches zu vermelden hätten. Den wohlmeinenden Übersetzer jenes Aufsatzes aus der Berliner Zeitung in den »Dresdner Anzeiger« ersuchen wir aber, freundlichst Sorge tragen zu wollen, daß eine Übersiedelung dieser Erwiderung nach Berlin mit ähnlichem Glücke bewerkstelligt werde.

I. P. – F. R.

Schauspieler außer Engagement.

Nochmals Theater-Reform

(1849)

Hochachtungsvoll begrüßten wir an Ort und Stelle unsern Gegner, den wir zuvor aus der Ferne bestreiten zu müssen glaubten. Die Wärme dieser Nähe erfüllt uns mit erneuter Wärme für die Sache, um die es sich handelt.

Mit der gestrigen Entgegnung unseres Widersprechers tritt die Streitfrage in ihr wichtigstes Stadium ein, und deßhalb nennen wir sie willkommen. Es wird nämlich darauf verwiesen, wie die Herrschsucht eines Schauspielers, sobald sie durch zugetheilte, absolute Macht sogar noch autorisirt werde, den zerstörendsten Einfluß auf das Theater äußern, und als das schlagendste Beispiel dafür wird uns der Machtmißbrauch eines Schauspielers in Stuttgart vorgeführt. Kennt einer unserer Leser die Wirthschaft, wie sie an einem Stuttgarter Hoftheater herrscht? Nun, wer sie kennt, der begreift, was da wachsen kann: heute eine absolute Maitresse und morgen ein absoluter Komödienintrigant. Nicht nur dieses widerlichste, sondern jedes von unserm Gegner angezogene Beispiel liefert eben nur den Beweis dafür: *daß jeder Absolutismus schlecht und schädlich ist, weil er die Anarchie, die Willkür ist*; wo diese herrschen, da blüht auch jedes Laster, und vollkommen dasselbe ist es, von wem das Laster ausgeübt wird, ob von einem Schauspieler oder von wem sonst. Deßhalb eben suchen wir das Heil des Theaters keineswegs in dem Übergang der absoluten Macht von der einen Hand in die andere, sondern in der gänzlichen Vernichtung jedes Absolutismus durch: *das Gesetz.*

Ein *Gesetz* wollen wir haben, und zwar das *richtige Gesetz*, welches die Freiheit zum Gedeihen Aller organisirt, jedem Theile der komplizirten Kunstanstalt sein Recht giebt und sie alle dem einen Zwecke unterordnet, den sie durch freudig thätiges Zusammenwirken zu erreichen haben, und dieß ist der Zweck der herrlichsten aller Künste: der dramatischen Kunst. Dieß *Gesetz*, – nicht die, »in einer besonnenen und klugen Persönlichkeit inkorporirte oberste Intendanz eines Hoftheaters«, verpflichte die Künstler, ihre gemeinschaftliche Aufgabe zu lösen, und verhüte die Übelthaten der Willkür, von welcher Seite sie kommen möge: dieß Gesetz aber, welches in der Überzeugung aller Betheiligten seine schöpferische Kraft zu gewinnen hat, werde nicht von dieser oder jener zufälligen »klugen Persönlichkeit« überwacht, sondern durch den *Staat*, und zwar durch seine oberste verantwortliche Behörde, das Staatsministerium, welches dem Lande

Rechnung zu tragen hat für die, dem allgemeinen Besten entsprechendste Verwendung der dem Theater bewilligten Unterstützungssummen.

Nährt unser Gegner mit uns wirklich gleichen Glauben an die erhabene Bestimmung des Theaters, so wird er hoffentlich zugeben, daß diese Bestimmung nur auch dadurch gewährleistet werden kann, daß es in seiner staatlichen Stellung auf die bezeichnete Stufe erhoben werde; denn sowie der freie Staat es immer mehr als seine Aufgabe erkennen wird, alles partikulare und in seiner Partikularität von der Willkür Einzelner abhängige, im Grunde aber gemeinschaftliche Interesse aller Staatsangehörigen in seine Sorge zu nehmen, um es frei zu machen, so soll er auch dieß wichtigste aller künstlerischen Bildungsmittel, das Theater, von jedem außerhalb seines edelsten Zweckes liegenden Einflusse zum Gedeihen des Ganzen befreien. Giebt unser Gegner uns auch dieß zu, so wird er endlich auch darin mit uns übereinstimmen müssen, daß eine Verfassung des Theaters nur dann ihren Zweck erreichen kann, wenn sie die vollständige Freiheit aller in ihm vereinigten Kunstelemente einschließt, wenn somit keines über das andere herrscht, sondern der allgemeine Zweck Aller sie in der Weise verbindet, daß sie eben nur diesem Zwecke sich unterordnen. Wie nun aber dieser Zweck nach allen Vorbereitungen am unmittelbarsten *durch die Darstellung auf der Bühne* sich ausspricht, so bleibt die Schauspielkunst endlich das Hauptsächlichste, und wer diese Kunst am sichersten versteht, wird sehr natürlich auch der sicherste Leiter des Ganzen sein. Daß bei solcher Zusammenwirkung jede einzelne Kunst von der anderen lernen muß, ist gewiß, und es hat Perioden, zumal in der deutschen Schauspielkunst, gegeben, in welchen wirklich die Schauspielkunst mehr von der Dichtkunst, als diese umgekehrt von jener zu erlernen hatte; in solchen Perioden war es in der That ein Glück, daß Männer wie Lessing, Goethe und Schiller sich der Bühne leitend zuwandten; da diese alle aber für die wahrhafte Blüthe der Schauspielkunst nicht das gefördert haben, was ihrer Zeit Shakespeare und Molière förderten, diese beiden aber, ehe sie Dichter wurden, *wirklich Schauspieler waren*, so dürfte mit Übergehung vieler anderer Beweise, wohl ersichtlich werden, daß für den *Zweck des Theaters* im Ganzen die Dichtkunst mehr von der Schauspielkunst zu erlernen habe und der Lösung ihrer höchsten Aufgabe sich genau in dem Grade nähere, als sie im innigen Verständniß der Schauspielkunst sich selbst wiederfindet.

Haben wir nun einen Shakespeare oder Molière noch zu erwarten, so möge unser Gegner doch versichert sein, daß trotz dem von uns angesprochenen Rechte, der freien Wahl des Direktors durch die künstlerische Genossenschaft, der richtige Verstand derselben auch einen *Lessing, ohne* Schauspieler zu sein, gewiß wählen werde, da hierfür (auch den Vorschlägen Ed. *Devrient's* gemäß) durchaus kein Zunftzwang herrschen soll; so lange wir uns nach einem solchen aber vergebens umblicken, glauben wir mit größter Sicherheit behaupten zu dürfen, daß bei fast jedem Theater sich eher ein tüchtiger Schauspieler finden wird, dessen Erfahrung und Kenntniß die Genossenschaft sich anvertraut, als sie sich geneigt fühlen dürfte, einem in der Praktik herumtappenden Journalisten, habe er seine Journalartikel auch noch so glücklich in Theaterstücke umgesetzt, sich zu übergeben. Zur Vorbeugung der Übel der Willkür von jeder Seite, auch von der eines rollensüchtigen Schauspielers, hatten wir aber von vornherein jene höhere, gesetzlich organisirte Stellung des Theaters im Sinne, welche zu unserm Bedauern unser Gegner aus Versehen übergangen hat; ein klein wenig mehr Beachtung dieses allerwichtigsten und Hauptpunktes in der Schrift E.D.'s hätte allerdings seine Entgegnung unmöglich gemacht. Wollte man uns Sand in die Augen streuen, um uns zu übertölpeln? – Wir sind wachsam und scheuen zur Noth kein Opfer, denn es handelt sich um die Ehre unseres Standes und das Gedeihen unsrer schlechtgeleiteten Kunst.

I.P. – F.R.

Der Mensch und die bestehende Gesellschaft

(1849)

Im vorigen Blatte ist nachgewiesen worden, wie durch ganz Europa die bestehende Gesellschaft, in der zunehmenden Volksbildung ihren größten Feind erkennend, sich derselben hemmend entgegenstemmte, ohne jedoch die drohende Gefahr dadurch aufhalten zu können. Im *Jahre* 1848 *hat der Kampf des Menschen gegen die bestehende Gesellschaft begonnen* Nicht beirren darf es uns, daß dieser Kampf bis jetzt in den meisten Ländern noch nicht offen zu Tage tritt, daß namentlich die beiden größten deutschen Staaten uns bis jetzt äußerlich nur das alte Schauspiel eines Kampfes der verschiedenen *Theile* der Gesellschaft um die Oberherrschaft darbieten. Diese letzten Kämpfe der Adelsvorrechte in Preußen und Österreich, dieß letzte Aufflackern der unbeschränkten Fürstenmacht, nur gestützt auf eine rohe Gewalt, die vor dem Lichte der Aufklärung täglich mehr dahin schmilzt, sie sind nichts weiter denn die Todeszuckungen eines Körpers, dem der Geist, das Leben bereits entschwunden, sie sind nichts weiter denn die letzten Nebeldünste der Nacht, welche die aufgehende Sonne vor sich hertreibt. Nicht dem im Todeskampfe bewußtlos um sich schlagenden Leichnam, nicht jenem Überreste der Finsterniß gilt der Kampf unserer Zeit, ob auch der Schwachnervige vor dem Toben des Ersteren erschrickt, ob auch das Auge des Blödsichtigen die dichtgeballten Nebel nicht zu durchdringen vermag; wir wissen, daß der *heftig* ste Krampf – der Todeskrampf ist, wir wissen, daß wenn am schwersten die Morgennebel sich auf uns herabsenken, ein um so hellerer Tag folgt.

Der Kampf des *Menschen* gegen die *bestehende Gesellschaft* hat begonnen. Jene Kämpfe, der Überrest einer vergangenen Zeit, wie wir sie in Österreich, in Preußen, zum Theil auch im übrigen Deutschland sehen, sie können uns nicht täuschen, sie dienen ja nur dazu, das Schlachtfeld zu räumen für jenen letzten, erhabensten Kampf. Schon hat er offen in Frankreich begonnen, England bereitet sich auf ihn vor, und bald, bald auch erfaßt er Deutschland. Wir leben in ihm, wir haben ihn durchzukämpfen. Vergebens wollten wir versuchen, ihm auszuweichen, uns zu flüchten, um den Strom an uns vorüber rauschen zu lassen, er erfaßt uns dennoch, möge unser Zufluchtsort noch so gesichert sein, und wir alle, der Fürst in seinem Palaste, wie der Arme in seiner Hütte, wir alle müssen mitstreiten in diesem großen Kampfe, denn wir alle sind *Menschen* und unterliegen dem Gebote der Zeit.

Unwürdig wäre es des vernunftbegabten Menschen, sich gleich dem Tiere that- und willenlos den Wellen zu überlassen. Seine Aufgabe, seine Pflicht erheischt, daß er mit *Bewußtsein* vollbringe, was die Zeit von ihm fordert. Unser Aller ernstliches Bestreben als denkende Menschen muß daher sein: dieß Bewußtsein, diese Erkenntniß dessen, was wir zu thun haben, zu erlangen, und wir erringen es, wenn wir uns bemühen, den Grund, die Ursache, und somit auch die *wahre Bedeutung* der Bewegung, in welcher wir leben, zu erforschen.

Wir haben gesagt: der Kampf des *Menschen* gegen die *bestehende Ge-sellschaft* hat begonnen. Dieß ist nur dann wahr, wenn es erwiesen ist, daß unsere *bestehende Gesellschaft* gegen den *Menschen* ankämpft, daß die *Ordnung* der *bestehenden Gesellschaft der Bestimmung*, dem *Rechte* des Menschen feindlich gegenüber tritt. Ob und inwieweit dieß der Fall ist, werden wir erkennen, wenn wir den *Menschen, seine Bestimmung*, sein *Recht* der bestehenden Gesellschaft gegenüberhalten und prüfen, wie weit sie geeignet ist, den Menschen seiner *Bestimmung* entgegenzuführen, ihm sein *Recht* zu gewähren.

Des Menschen **Bestimmung** *ist, durch die immer höhere Vervollkomm-nung seiner geistigen, sittlichen und körperlichen Fähigkeiten zu immer höherem, reinerem Glücke zu gelangen.*

Des Menschen **Recht** *ist, durch die immer höhere Vervollkommnung seiner geistigen, sittlichen und körperlichen Fähigkeiten zum Genusse eines stets wachsenden, reineren Glückes zu gelangen.*

Somit entspringt der *Bestimmung* des Menschen das *Recht* des Men-schen, *Bestimmung und Recht* sind *Eines*, und das *Recht* des Menschen ist einfach: seine *Bestimmung* zu erreichen.

Forschen wir nun nach der *Kraft*, mit welcher der Mensch ausgerüstet ist, um sein Recht zu wahren, seine Bestimmung zu erreichen, so finden wir bald, daß ihm diese Kraft vollkommen mangelt. Wo ist die Kraft des Menschen, sich aus sich selbst geistig, sittlich und körperlich zu vervoll-kommnen? Wo ist die Kraft des Menschen, sich selbst zu lehren, was er doch nicht weiß? Wo ist die Kraft des Menschen, das Gute und Böse zu erkennen, das Gute zu üben, das Böse zu meiden, da er doch aus sich selbst nicht weiß, was gut oder böse? Wie soll endlich der Mensch aus sich selbst größere Körperkraft schöpfen, als er besitzt? – Wir sehen, daß der Mensch an sich vollkommen unfähig ist, seine Bestimmung zu erreichen, daß er in sich keine Kraft hat, den in ihm wohnenden Keim, welcher ihn von dem Thiere unterscheidet, zu entfalten. Jene Kraft jedoch, welche wir bei dem *Menschen* vermissen, wir finden sie in endloser Fülle in der *Gesammtheit der Menschen*. Was Allen, so lange sie *vereinzelt* sind, ewig versagt bleibt, sie erreichen es, sobald sie *zusammentreten*. In der **Vereinigung** der Menschen finden wir die Kraft, welche wir bei den **Einzelnen** vergebens suchen. Während der Geist des *Vereinzelten* ewig in tiefster Nacht begraben bleibt, wird er in der *Vereinigung* der Menschen erweckt, angeregt und zu immer reicherer Kraft entfaltet. Während der *Vereinzelte* ohne Sittlichkeit ist, weil er weder das Gute noch das Böse zu erkennen vermag, entspringt der *Vereinigung* der Menschen die Sittlichkeit; sie lernen in dem, was schadet, das Böse, in dem, was nützt, das Gute erkennen, und ihre Sittlichkeit wächst, mit je klarerer Erkenntniß sie das Böse meiden, das Gute üben. Während die Kraft, die Geschicklichkeit des *Vereinzelten* stets gleich in ihrer Schwäche bleibt, weil seine Bedürfnisse stets dieselben sind, steigert sich in der *Vereinigung* der Menschen ihre Kraft ins Unendliche mit ihren Bedürfnissen. Je ausgedehnter, je inniger die Vereinigung, um so reicher entfaltet sich der Geist, um so reiner wird die Sittlichkeit, um so mannigfacher werden die Bedürfnisse, und wächst mit ihnen die Kraft der Menschen, sie zu befriedigen.

Somit erkennen wir, daß nur in der Vereinigung die Menschen jene Kraft finden, welche sie ihrer Bestimmung entgegenzuführen vermag; nur allein da aber, wo die *Kraft* dazu liegt, kann auch die *Bestimmung* sein, und darum sagen wir jetzt richtiger:

Es ist die Bestimmung der **Menschheit**, *durch die immer höhere Vervollkommnung ihrer geistigen, sittlichen und körperlichen Kräfte zu immer höherem, reinerem Glücke zu gelangen.*

Der einzelne Mensch ist nur ein Theil des Ganzen; vereinzelt für sich ist er Nichts, nur allein als Theil des Ganzen findet er seine Bestimmung, sein Recht, sein Glück.

Die Vereinigung der Menschen nennen wir: die **Gesellschaft**.

Wir sehen, daß die Gesellschaft nicht etwas Zufälliges, Willkürliches, Freiwilliges ist, wir sehen, daß ohne die Gesellschaft der Mensch kein Mensch mehr ist, sich nicht mehr von dem Tiere unterscheiden würde; wir sehen somit, daß die Gesellschaft die nothwendige Bedingung unseres *Menschenthums* ist.

Die Menschen sind daher nicht nur **berechtigt**, sondern auch **verpflichtet**, an die Gesellschaft die Anforderung zu stellen: **sie durch Vervoll-**

kommnung ihrer geistigen, sittlichen und körperlichen Fähigkeiten zu immer höherem, reinerem Glücke zu führen.

Wie erfüllt nun unsere bestehende Gesellschaft diese ihre Ausgabe?

Dem *Zufall* überläßt sie die geistige Vervollkommnung Einzelner ihrer Glieder, während sie den größeren Theil derselben gewaltsam von einer höheren Entwicklung zurückhält; dem **Zufall** überläßt sie es, ob Einzelne sich sittlich veredeln, während sie überall das Laster, das Verbrechen erzeugt und schützt. Dem *Zufall* überläßt sie die Ausbildung, das Wachsthum unserer körperlichen Kräfte, während ihr Streben nur dahin gerichtet ist, unsere Bedürfnisse zu beschränken, also unsere Fähigkeit, sie zu befriedigen, zu verringern. Dem *Zufall* überläßt unsere bestehende Gesellschaft All es: unsern geistigen, sittlichen und körperlichen Fortschritt; der *Zufall* entscheidet, ob wir uns unserer Bestimmung nähern, ob wir unser Recht erlangen, ob wir glücklich werden.

Unsere bestehende Gesellschaft ist ohne Erkenntniß, ohne Bewußtsein ihrer Aufgabe, sie erfüllt sie nicht.

Der Kampf des **Menschen** *gegen die* **bestehende Gesellschaft** *hat begonnen.* Dieser Kampf, er ist der heiligste, der erhabenste, der je gekämpft wurde, denn er ist der Kampf des *Bewußtseins* gegen den *Zufall,* des *Geistes* gegen die *Geistlosigkeit,* der *Sittlichkeit* gegen das *Böse,* der *Kraft* gegen die Schwäche: *Es ist der Kampf um unsere Bestimmung, unser Recht, unser Glück.*

Das Bestehende, es hat große Gewalt über den Menschen. Unsere bestehende Gesellschaft hat eine furchtbare Macht über uns, denn sie hat absichtlich das Wachsthum unserer Kraft gehemmt. Die Kraft zu diesem heiligen Kampfe kann uns nur erwachsen aus der Erkenntniß der *Verworfenheit* unserer Gesellschaft. Wenn wir klar *erkannt* haben, wie unsere bestehende Gesellschaft ihrer Aufgabe widerspricht, wie sie gewaltsam und oft vorsätzlich uns abhält, unsere Bestimmung, unser Recht, unser Glück zu erlangen, dann haben wir auch die *Kraft* gewonnen, sie zu bekämpfen, sie zu besiegen.

Unsere erste, wichtigste Aufgabe ist es daher: das Wesen und das Wirken unserer bestehenden Gesellschaft nach allen Seiten hin zu prüfen und immer klarer zu erfassen; ist *sie einmal* **erkannt,** *dann ist sie auch* **gerichtet!**

Biographie

1813   22. Mai: Richard Wagner wird in Leipzig geboren. Er ist das neunte Kind des Polizeibeamten Karl Friedrich Wagner, welcher im November desselben Jahres verstirbt, und dessen Frau Johanna Rosine.

1814   Wagners Mutter heiratet den Maler und Schauspieler Ludwig Geyer und zieht mit der Familie nach Dresden um.

1821   Geyer, Wagners Stiefvater, stirbt.
        Der Verlust der Vaterfiguren sollte später zu einem Leitmotiv in Wagners Werken werden.

1828   Wagner besucht das Nikolai-Gymnasium in Leipzig.
        1830 geht er auf die Thomas-Schule.

1830   Seine »Ouvertüre in B-Dur« wird in Leipzig uraufgeführt.

1831   Er beginnt ein Musik-Studium an der Leipziger Universität, ab Herbst ist er Schüler des Thomaskantors Theodor Weinling.

1833   Wagner wird von seinem Bruder Albert Wagner als Chordirektor nach Würzburg geholt. Dort beginnt er bald mit der Arbeit an seiner ersten Oper, »Die Feen«, welche posthum 1888 in München uraufgeführt wird.

1834   Er wird Musikdirektor der »Magdeburger Theatergruppe Bethmann« in Lauchstädt.

1834   Wagner ist bis 1836 Musikdirektor in Magdeburg. In dieser Zeit wird die Oper »Das Liebesverbot« uraufgeführt.

1836   Wagner zieht nach Königsberg um, weil Minna Planer, die er in Magdeburg kennengelernt hat, dort engagiert ist.
        24. November: Wagner heiratet die Schauspielerin Minna Planer.

1837   Nach einem kurzen Zwischenspiel als Musikdirektor in Königsberg nimmt er die Stelle des Musikdirektors in Riga an.

1839   Wagner hat Schulden gemacht und muß nun zusammen mit seiner Frau vor seinen Gläubigern aus Riga flüchten; diese Flucht führt ihn über Norwegen und London nach Paris, wo er die nächsten, für ihn entbehrungsreichen, drei Jahre verbringen und u.a. Giacomo Meyerbeer und Heinrich Heine kennenlernen wird.

1840   Die Novelle »Eine Pilgerfahrt zu Beethoven« wird veröffentlicht und Wagner schließt die Komposition »Rienzi« ab.

1842   Wagner kehrt nach Deutschland zurück.

20. Oktober: In Dresden wird »Rienzi« uraufgeführt. Die Oper wird als Meilenstein gefeiert.

1843   Der »Fliegende Holländer« wird mit Wagner als Dirigent uraufgeführt, verarbeitet wird hier u.a. Wagners Flucht von 1839, das Stück hatte er bereits in Paris fertiggestellt. Das Publikum reagiert verhalten.

2. Februar: Wagner wird zum Königlich Sächsischen Hofkapellmeister ernannt.

Während seiner Reisen und der Arbeiten an seinen Entwürfen beschäftigt sich Wagner mit alter deutscher Literatur und germanischer Mythologie.

1845   *19. Oktober:* Der »Tannhäuser« wird uraufgeführt. Auch dieses Stück findet eher gemäßigte Aufnahme.

1848   »Wie verhalten sich republikanische Bestrebungen dem Königtum gegenüber?«: Wagner verliest diese selbstgeschriebene Abhandlung im Dresdner Vaterlandsverein.

1849   Wagner lernt den Anarchisten Bakunin kennen und beteiligt sich in Dresden am Mai-Aufstand gegen die sächsischen und preussischen Truppen, Folge: ab dem 16. Mai wird er steckbrieflich gesucht. Ende Mai flieht er deswegen mit Hilfe von Franz Liszt nach Zürich. Bis 1858 wird er in seinem Schweizer Exil bleiben.

Seine programmatische Schrift »Das Kunstwerk der Zukunft« erschient in Leipzig.

1850   Der »Lohengrin« wird in Weimar uraufgeführt.

Das Pamphlet »Judentum in der Musik« erscheint.

1851   »Eine Mittheilung an meine Freunde«, eine weitere programmatische Schrift, erscheint.

1852   Die Schrift »Oper und Drama« erscheint in drei Bänden.

Wagner lernt Mathilde und Otto Wesendonck in Zürich kennen. Seine komplizierte Beziehung zu Mathilde sollte Einfluss auf den »Tristan« haben.

1853   Wagner lernt die 18jährige Cosima von Bülow, geb. Liszt, in Paris kennen.

1854   Studium von Schopenhauers Hauptwerk »Die Welt als Wille und Vorstellung«.

1855   Wagner geht für acht Konzerte als Dirigent nach London.

1857   Das Ehepaar Wesendonck richtet bei Zürich ein »Asyl« ein, in das Wagner für kurze Zeit einzieht.

1858   *17. August:* Wagner zieht aus dem »Asyl« aus und reist nach Venedig.

1860   Er gibt Konzerte in Brüssel und Paris.

            Juli: Wagner erhält politische Amnestie.

1861   *13. März:* In Paris bricht der »Tannhäuser-Skandal« aus.

1862   Er reist durch verschiedene Städte, z.B. Dresden, Wien und Karlsruhe. Am 7. November begegnen er und seine Frau Minna sich zum letzten Mal.

1863   Wagner gibt Konzerte u.a. in St. Petersburg, Prag, Budapest und Wien.

1864   Er hat erneut Schulden und muß nun aus Wien vor Gläubigern flüchten.

            4. Mai: Er wird nach München berufen und begegnet dort zum ersten Mal König Ludwig II. von Bayern.

1865   *Mai:* Cosima bringt Wagners erstes Kind, Isolde, zur Welt.

            Juni: »Tristan und Isolde« wird in München uraufgeführt.

1866   *25. Januar:* Seine Frau Minna stirbt in Dresden. Wagner mietet sich ein Haus am Vierwaldstätter See.

1868   *21. Juni:* Mit der Uraufführung der »Meistersinger« in München gelingt Wagner ein großer Erfolg.

            Im November lernt Wagner Nietzsche in Leipzig kennen.

1869   *6. Juni:* Siegfried Wagner wird geboren.

            »Das Rheingold« wird in München gegen Wagners Willen auf Befehl Ludwigs II. uraufgeführt.

1870   Die »Walküre« wird in München uraufgeführt.

            25. August: Richard Wagner heiratet Cosima in Luzern, nachdem sie sich wenige Wochen vorher von Wagners Freund Hans von Bülow hatte scheiden lassen.

1871   Fürst Bismarck empfängt Wagner.

1872   *22. Mai:* Zum Bau des Bayreuther Festspielhauses wird der Grundstein gelegt.

1874   *28. April:* Wagner zieht nach Bayreuth in das Haus Wahnfried.

1876   Wagners Honorarkomposition »Festmarsch zur Feier des 100jährigen Jubiläums der amerikanischen Unabhängigkeit« wird veröffentlicht.

            13. August: Die ersten Bayreuther Festspiele werden mit »Rheingold« eröffnet. Uraufführung von »Siegfried« und »Götterdämmerung«.

1877   In London gibt Wagner acht Konzerte in der Royal Albert Hall; Königin Victoria empfängt ihn auf Schloss Windsor.

1882   *26. Juli:* »Parsifal« wird im Bayreuther Festspielhaus bei den zweiten Festspielen uraufgeführt.

1883   *13. Februar:* Richard Wagner stirbt in Venedig an einem Herzleiden.

18. Februar: Er wird im Garten von Haus Wahnfried bestattet.

Karl-Maria Guth (Hg.)

**Erzählungen aus
dem Biedermeier**

HOFENBERG

Karl-Maria Guth (Hg.)

**Erzählungen aus dem
Biedermeier II**

HOFENBERG

Karl-Maria Guth (Hg.)

**Erzählungen aus dem
Biedermeier III**

HOFENBERG

Erzählungen aus dem Biedermeier

Biedermeier - das klingt in heutigen Ohren nach langweiligem Spießertum, nach geschmacklosen rosa Teetässchen in Wohnzimmern, die aussehen wie Puppenstuben und in denen es irgendwie nach »Omma« riecht.

Zu Recht. Aber nicht nur.

Biedermeier ist auch die Zeit einer zarten Literatur der Flucht ins Idyll, des Rückzuges ins private Glück und der Tugenden. Die Menschen im Europa nach Napoleon hatten die Nase voll von großen neuen Ideen, das aufstrebende Bürgertum forderte und entwickelte eine eigene Kunst und Kultur für sich, die unabhängig von feudaler Großmannssucht bestehen sollte.

Georg Büchner Lenz **Karl Gutzkow** Wally, die Zweiflerin **Annette von Droste-Hülshoff** Die Judenbuche **Friedrich Hebbel** Matteo **Jeremias Gotthelf** Elsi, die seltsame Magd **Georg Weerth** Fragment eines Romans **Franz Grillparzer** Der arme Spielmann **Eduard Mörike** Mozart auf der Reise nach Prag **Berthold Auerbach** Der Viereckig oder die amerikanische Kiste

ISBN 978-3-8430-1884-5, 444 Seiten, 29,80 €

Erzählungen aus dem Biedermeier II

Annette von Droste-Hülshoff Ledwina **Franz Grillparzer** Das Kloster bei Sendomir **Friedrich Hebbel** Schnock **Eduard Mörike** Der Schatz **Georg Weerth** Leben und Taten des berühmten Ritters Schnapphahnski **Jeremias Gotthelf** Das Erdbeerimareili **Berthold Auerbach** Lucifer

ISBN 978-3-8430-1885-2, 440 Seiten, 29,80 €

Erzählungen aus dem Biedermeier III

Eduard Mörike Lucie Gelmeroth **Annette von Droste-Hülshoff** Westfälische Schilderungen **Annette von Droste-Hülshoff** Bei uns zulande auf dem Lande **Berthold Auerbach** Brosi und Moni **Jeremias Gotthelf** Die schwarze Spinne **Friedrich Hebbel** Anna **Friedrich Hebbel** Die Kuh **Jeremias Gotthelf** Barthli der Korber **Berthold Auerbach** Barfüßele

ISBN 978-3-8430-1886-9, 452 Seiten, 29,80 €